事業承継支援に
必要な

基礎知識
と
支援事例 **20**

近藤 登喜夫

三恵社

はじめに

　事業承継支援で一番重要なことは、後継者が会社を引き継いで、円滑にマネジメントできるように支援することです。中小企業診断士としては、会社全体を鳥瞰図的に眺め、どこに問題があるかを分析し、どうすれば円滑な承継ができるかをアドバイスすることが重要です。

　後継者教育、社内体制の見直し、承継計画の作成、自社株式の承継、金融機関取引と借入に関する経営者連帯保証など様々な課題があります。範囲が広いので、専門家と協業しながら支援することが肝要です。

　事業承継に関する本の多くは、自社株式の承継に重きを置いていますが、株式承継が大変なのは自己資本の厚いリッチな会社であり、それほど多く存在しているというわけではありません。

　中小企業の多くは自己資本が薄く、自社株式の移転よりも借入に関する経営者の連帯保証が課題となります。経営者保証ガイドラインを活用して保証を外すことは可能ですが、十分な担保がなければ簡単に外せないことがわかります。

　借入金が多くて子息が承継に難色を示す場合には、役職員から探すか、あるいは廃業するか等を検討することになります。

　筆者は公的機関において、事業承継および事業再生支援を行っています。関与した事業承継案件は120社程度であり、極めて多いというわけではありませんが、様々なケースに接してきました。支援する中小企業は、資本金1,000万円程度、売上2〜3億円前後の会社が中心で、やや小規模な会社が過半を占めています。

　本著では、中小企業診断士として経営全体を支援する立場から、前半では事業承継を扱う上で必要と思われる基本的事項をまとめ、後半では多くの支援事例を取り上げています。

　なお、本文中の意見は、筆者個人の考えであり、所属する公的機関としての見解を示すものではありません。

平成30年3月

近藤登喜夫

目次

第1部　支援に必要な基礎知識……………………………………………… 7
  第1章　事業承継の進め方………………………………………… 8
    1．中小企業の現状………………………………………………… 8
    2．事業承継上の課題……………………………………………… 9
    3．事業承継支援ステップ………………………………………… 10
    4．事業承継の方法………………………………………………… 12
    5．事業承継計画表………………………………………………… 13
    6．専門家との協業体制…………………………………………… 19

  第2章　後継者と経営基盤の承継………………………………… 20
    1．経営者…………………………………………………………… 20
    2．後継者の選定…………………………………………………… 22
    3．後継者の育成…………………………………………………… 24
    4．経営基盤の整備………………………………………………… 26

  第3章　相続の知識………………………………………………… 29
    1．相続に関する用語……………………………………………… 29
    2．相続税の計算…………………………………………………… 31
    3．相続財産………………………………………………………… 33
    4．不動産の評価…………………………………………………… 34
    5．遺言……………………………………………………………… 36
    6．後見制度………………………………………………………… 38
    7．遺留分…………………………………………………………… 40
    8．財産分配例……………………………………………………… 41

  第4章　経営権の確保……………………………………………… 44
    1．機関設計………………………………………………………… 44
    2．株式と議決権…………………………………………………… 48

3．種類株式等…………………………………………………	51
4．少数株主への対応…………………………………………	55

第5章　自社株式の承継………………………………………	57
1．承継の難しさ………………………………………………	57
2．課税種類と税率……………………………………………	58
3．暦年課税制度と相続時精算課税制度……………………	59
4．経営承継円滑化法（事業承継税制）……………………	61
5．自己株式……………………………………………………	71
6．従業員持株会………………………………………………	73

第6章　承継の技法……………………………………………	75
1．信託の利用…………………………………………………	75
2．生命保険の活用……………………………………………	80
3．持株会社……………………………………………………	83

第7章　会社の価値……………………………………………	87
1．評価方法……………………………………………………	87
2．相続税法上の株式評価……………………………………	87
3．M＆Aにおける事業価値…………………………………	95
4．M＆Aの手続き……………………………………………	101

第8章　借入と廃業……………………………………………	106
1．金融機関の状況……………………………………………	106
2．資産査定と債務者区分……………………………………	107
3．金融機関との取引…………………………………………	109
4．経営者保証…………………………………………………	112
5．廃業と整理…………………………………………………	118

第2部　支援事例20……………………………………………… 123
　　1．経営基盤の拡充と承継計画……………………………… 124
　　2．親族内における円滑な承継……………………………… 128
　　3．後継者育成と事業承継計画……………………………… 132
　　4．事業承継税制と種類株式………………………………… 136
　　5．後継者の承継後支援……………………………………… 140
　　6．後継者選択の失敗………………………………………… 144
　　7．古参役員の居座り………………………………………… 148
　　8．親子間の葛藤……………………………………………… 152
　　9．従業員への株式譲渡……………………………………… 156
　10．自社株式の価値上昇と経営相談………………………… 160
　11．従業員による親族外承継………………………………… 164
　12．社長の連帯保証処理……………………………………… 168
　13．所有と経営の分離………………………………………… 172
　14．持株会社による事業の多角化…………………………… 176
　15．ファミリーの持株会社…………………………………… 180
　16．第二会社方式による事業承継…………………………… 184
　17．会社分割と従業員への譲渡……………………………… 188
　18．M&Aに関するセカンドオピニオン…………………… 192
　19．高齢者の信託利用………………………………………… 196
　20．幾つかの廃業支援………………………………………… 200

第1部
支援に必要な基礎知識

第1章　事業承継の進め方

1．中小企業の現状
(1) 企業規模の分布状況

中小企業庁「平成28年中小企業実態基本調査」によれば中小企業のうちの法人企業の分布状況は次の通りです。

売上高	企業数	企業数構成比	構成比累計	従業者数	資産	純資産	資本金	自己資本比率
		%	%	人	百万円	百万円	百万円	%
500万円以下	57,016	4%	4%	1.9	20	0	6	-2%
500万円超　1,000万円以下	90,653	6%	10%	2.3	21	-1	6	-5%
1,000万円超　3,000万円以下	292,152	20%	30%	3.4	30	-1	6	-2%
3,000万円超　5,000万円以下	199,535	13%	43%	5.0	54	14	7	25%
5,000万円超　1億円以下	257,479	17%	60%	8.6	89	21	8	24%
1億円超　5億円以下	424,911	29%	89%	15.6	208	75	13	36%
5億円超　10億円以下	83,543	6%	95%	35.7	644	262	24	41%
10億円超	79,819	5%	100%	103.5	2,731	1,201	65	44%
合計又は平均	1,485,108	100%		15.1	273	106	13	39%

出所：中小企業庁「平成28年中小企業実態基本調査」のデータを基に計算

① 売上高3,000万円以下の企業は全体の30%を占めており、平均値でみれば純資産は資本金よりも小さく、多くは債務超過状態にあります。

② 売上高1億円超〜5億円以下の階級が、全体の29%を占めており、純資産は平均で7,500万円、自己資本比率は36%となります。

③ 売上高5億円以下で区切ると、全体の89%が該当します。この規模であれば、自社株式の価値も大きくないと推定できます。

④ 売上高10億円超の企業は全体の5%です。売上高が大きくなるに従って自己資本比率が上昇し、純資産が増えることがわかります。

事業承継に関する書籍の多くは、純資産が5億円程度の企業を事例として取り上げていますが、この表から、そのような優良企業はそれほど多くはないことが分かります。

純資産が大きい優良企業では自社株式移転と相続税支払が課題となりますが、純資産1億円程度であれば大きな障害とはなりません。

2. 事業承継上の課題

　事業承継上の課題認識と準備状況に関する東京商工会議所のアンケート調査によると、上位10項目の内訳は後継者2、経営基盤4、相続3、借入1です。

		課題	後継者	経営基盤	相続	借入
1	後継者の教育	78.6%	■			
2	後継者への株式の譲渡（相続）	74.3%			■	
3	社内体制の見直し	69.7%		■		
4	相続税・贈与税の対策	69.2%			■	
5	承継後の事業計画	67.7%		■		
6	借入金・債務保証の引き継ぎ	63.7%				■
7	取引先との関係維持	60.2%		■		
8	後継者への事業用資産の譲渡（相続）	59.4%			■	
9	古参従業員の処遇	48.2%		■		
10	親族間の相続問題の調整	43.3%	■			

出所：平成27年1月　東京商工会議所「東京23区内企業の事業承継の実態に関するアンケート調査」

① 「後継者」では、後継者の教育と、親族間で誰を後継者にするという調整の問題があげられています。

② 「経営基盤」では、社内体制の見直し、承継後の事業計画、取引先との関係維持、古参従業員の処遇があります。

③ 「相続」は主に相続税に関する事項で、自社株式の承継譲渡、相続税対策、後継者への事業用資産の譲渡があります。

④ 「借入」では債務保証の引き継ぎが重要なテーマで、担保解除が主要課題となります。特に業績不振企業となると、後継者探しや借入金の連帯保証問題が事業承継の上のネックとなります。

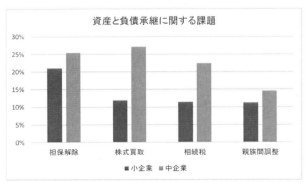

出所：日本政策金融公庫「中小企業の事業承継に関するアンケート結果」2009年12月16日

経営者目線に合わせると、株式移転や資産相続といった狭い分野に止まらず、組織体制や承継後の事業計画など幅広く支援することが大切となります。

中小企業庁が策定した事業承継ガイドラインでは、後継者に承継すべき経営資源を人（経営）の承継、知的資産の承継、資産の承継の3要素に大別しています。

本著では、後継者、経営基盤、資産（株式）、負債（借入）という切り口から事業承継を網羅的に捉えています。

事業承継支援

区分	課題	備考
後継者	後継者の選定	親族間調整
	後継者の教育	
経営基盤	社内体制の見直し	ガバナンス
	古参従業員の処遇	軋轢の回避
	取引先との関係維持	
	承継後の事業計画	将来ビジョン
資産（株式）	自社株式の承継	経営権確保
	相続税・贈与税の対策	
	事業用資産の譲渡	土地
負債（借入）	連帯保証の引き継ぎ	借入過多
	金融機関取引	

事業承継ガイドライン

構成要素	主な内容
人（経営）の承継	・経営権
知的資産の承継	・経営理念 ・従業員の技術や技能 ・ノウハウ、知的財産権 ・経営者の信用 ・許認可等
資産の承継	・株式 ・事業用資産（設備・不動産等） ・資金（運転資金・借入等）

3．事業承継支援ステップ

事業承継ガイドラインでは5つのステップが示されています。

ステップ1では、経営者は60歳に達した頃には事業承継の準備に取りかかることが望ましく、そのためには事業承継支援をする者が情報を提供し、かつ経営者の背中を押すことが大切となります。

ステップ2は、経営状況・経営課題等の見える化です。SWOT分析で強みや弱み、さらにはビジネスモデルを理解し、財務諸表分析で収益力や財務上の課題を把握します。

ステップ3では、本業の競争力強化、経営体制の総点検等を行います。ガバナンスや内部統制の状況、主要役員の力量や役割、従業員の意識等に課題があれば、それを改善して、後継者が引き継ぎたくなるように会社を磨き上げる必要があります。ステップ2と3は、「プレ承継」と位置づけられており、中小企業診断士の得意とする分野ということができます。

ステップ4と5は、計画策定と事業承継の実行となります。

第1章 事業承継の進め方

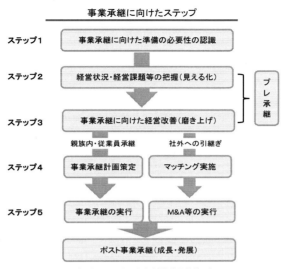

出所：平成28年12月 中小企業庁「事業承継ガイドライン」

		区分	アクション項目	主な内容
経営の「見える化」	1	経営	自社の強みと弱みを把握	商品ごとの月次売上費用や製造工程の調査・分析を通じ、製造ラインの課題や稼ぎ頭商品を把握する。
	2	経営	経営分析ツールを活用する	「ローカルベンチマーク」を活用し同業他社比較を行う。「経営力向上計画」策定を通じコストマネジメントを向上させる。
	3	資産	会社資産と個人資産の区別	経営者所有の不動産で事業に利用しているものや会社借入に係る担保設定は経営者と会社の賃貸関係を整理する。
	4	資産	自社株式の保有状況と評価額を把握	保有する自社株式の数を把握するとともに、株価評価を行うことで自社株式を後継者に移すうえでの課題を確認する。
	5	会計	会計制度で客観的な財務諸表を作成	「中小企業会計指針」や「中小企業会計基本要領」を活用した適正な決算処理が行われているかを点検する。
	6	知的資産	知的資産の価値を再認識する	「知的資産経営報告書」等を活用し、自社の事業価値に対する知的資産の貢献度を再認識する。
会社の「磨き上げ」	1	競争力アップ	商品力を伸ばしマーケットを開拓	自社の商品・サービスの同業他社と比較した強みを絞り込み、経営資源の集中で新規顧客を開拓する。
	2	競争力アップ	人的資源を強化する	新しい商品・サービスの開発を支える人材の育成、新規採用を進めて自社の人的資源を強化する。
	3	組織ガバナンス	役員、従業員の役割を明確化	各部署の組織体制を見直す。役員や管理職の権限、役割を再構築する。服務規程、就業規則を整備する。
	4	組織ガバナンス	経営者の権限の委譲でリスク分散	経営者に権限が集中している場合は、役員や管理職に権限を段階的に委譲し、リスクを分散する。
	5	経営体質	経営のスリム化を図る	将来の事業に必要のない滞留在庫、遊休資産を処分・現金化し、新事業や新商品開発に投入する。

出所：中小企業庁のパンフレット「会社を未来につなげる10年先の会社を考えよう」p5−7を基に一部簡略追加表示

4．事業承継の方法

親族内承継と親族外承継それぞれにメリットとデメリットがあります。

	Ⅰ．親族内承継	Ⅱ．親族外承継 （従業員等）	Ⅲ．親族外承継 （第三者）
メリット	社内外の関係者から心情的にも受け入れやすい。	有力な役員等に任せられ安心感がある。	身近に適任者がいない場合でも広く外部に求めることができる。
	後継者を早期に決定し、長期の準備期間を確保できる。	業務に精通しており、従業員の理解を得られやすい。	現オーナー経営者が会社売却により利益を獲得できる。
	所有と経営の分離を回避できることが多い。	社内に明示し、有力人材を競わせることもできる。	金融機関も相談に乗ってくれるので客観的な判断ができる。
デメリット	後継者が経営能力が高く、意欲のある者がいるとは限らない。	親族内の理解が得られにくい場合がある。	相手を探すのが大変で希望条件を満足できないケースが多い。
	相続人が複数いる場合に、経営権を集中させることが難しい。	後継者候補に株式取得資金がない場合が多い。	仲介業者のフィーが高くて、払えないケースがある。
	親族優先経営に陥り、有能な人材が流出するリスクもある。	個人債務保証の引継ぎがネックとなり、適任者を確保しにくい。	M&A等で買収された場合に、従業員が馴染まないこともある。

出所：「中小企業経営者のための事業承継対策（平成29年度版）」（中小企業基盤整備機構）を基に作成

中小企業白書によれば、後継者が決まっている先と後継者ありを合わせると70％、後継候補なしが30％となっています。親族外承継は、中規模法人では33％、小規模法人では10％を占めています。

後継者選定状況

後継者	中規模法人	小規模法人
決まっている	42%	48%
候補あり	28%	22%
候補もいない	31%	30%
合計	100%	100%

注：中規模法人はn=4,036、小規模法人はn=1,...
資料：「中小企業白書」2017 p 237-239

後継者選定状況の内訳

	後継者	中規模法人		小規模法人	
親族内	子供	54%	67%	80%	90%
	子供の配偶者	4%		5%	
	兄弟姉妹	2%		2%	
	その他	7%		4%	
親族外	役員	19%	33%	2%	10%
	従業員	11%		6%	
	社外	3%		1%	
	合計	100%	100%	100%	100%

注：中規模法人はn=2,357、小規模法人はn=1,214
資料：「中小企業白書」2017 p 237-239から作成

事業承継時期別の現経営者と先代経営者との関係

	20年以上前	10～19年前	0～9年前
息子・娘	83.4%	67.2%	48.5%
息子・娘以外の親族	9.2%	13.6%	12.0%
親族以外の役員・従業員	4.2%	13.3%	21.5%
社外の第三者	3.2%	5.9%	18.0%
合計	100.0%	100.0%	100.0%

出所：中小企業庁「事業承継等に関する現状と課題について」平成26年

また、過去10年程度をみると、親族外承継で、「親族以外の役員・従業員」、および「社外の第三者」の割合が増加基調にあることがわかります。

5．事業承継計画表

　全体を分析把握した上で、事業承継計画表を作成すると、漏れなく効果的な承継計画を作成することができます。

　ここでは、一般社団法人東京都中小企業診断士協会認定の事業承継研究会が平成29年1月に作成した「事業承継支援ノート」（鈴木勇吉監修、大沼健三編集主査）にある計画表の雛型について提示します。なお、筆者も執筆者の1人として作成に携わっています。

(1) チェックリスト

事業承継計画書作成チェックリスト

チェック項目		チェック項目	
1 会社概要		11 事業承継時期の決定	
① 会社の概要		① 事業承継の予定時期	
② 株主の状況		② 経営者の承継後の役割	
③ 役員の状況		③ 経営者の退職金	
2 経営理念・経営ビジョン		④ 経営者が引退後にやること	
① 経営理念の制定		12 後継者未定の場合、他の候補者有無	
② 経営ビジョンの立案		13 後継者の育成	
3 事業概要		① 育成が必要な能力	
① 事業の内容		② 社内での育成	
② 主要な取引先		③ 社外での育成	
③ ビジネスモデル		14 社内体制の整備	
4 組織図の作成		① 定款・諸規定の整備	
5 業績推移表の作成		② 組織的な整備計画	
6 事業の現状と課題		③ 人的な整備計画	
7 経営環境分析		15 自社株式・事業用資産の承継	
8 経営基本戦略の立案		① 相続財産全部の基本方針	
9 経営者の概要		② 自社株式の配分と譲渡方法	
① 経営者の現状把握		③ 事業用資産の配分と譲渡方法	
② 家系図		④ その他の財産の配分と譲渡方法	
③ 自社株式の評価		⑤ 相続財産で今後準備すべき事項	
④ 事業用資産の物件と評価額		16 長期経営計画書の作成	
⑤ その他の財産		17 事業承継計画表	
⑥ 負債・債務保証など		① 役職計画	
10 後継者の選定		② 株式移転計画	
① 後継者の概要		③ 後継者教育、引き継ぎ計画等	
② 承継の方法			
③ 後継者の資質と能力			
④ 後継者選定上の留意事項			

出所：「事業承継支援ノート」事業承継研究会p100

第1部　支援に必要な基礎知識

　このチェックリストのうち、1会社概要、2経営理念・経営ビジョン、16長期経営計画、17事業承継計画の雛型、計画策定後の実行支援用チェックリストについて次に示しておきました。

1 会社概要
（1）会社の概要

名称		創業	年　　月　　日
		設立	年　　月　　日
代表者		年齢	
本社所在地			
資本金			
事業内容			
事業所			
従業員数			

（2）株主の状況

	氏名	続柄	株数	特記事項
1				
2				
3				
【直近の異動など】				
【従業員持株会の有無など】				

（3）役員の状況

役職	氏名	年齢	続柄	略歴
代表取締役				
その他	【直近の異動など】			

2 経営理念・経営ビジョン

	内容	備考
経営理念		
経営ビジョン		

14

16 長期経営計画

損益計算書
単位：

科目	1年前 /	今期 /	1年後 /	2年後 /	3年後 /
売上高					
売上原価					
売上総利益					
販売管理費					
（人件費）					
営業利益					
営業外収益					
営業外費用					
経常利益					
特別損益					
税引前当期純利益					
法人税等					
当期純利益					
償却前経常利益					

製造原価報告書

科目					
材料費					
労務費					
製造経費					
当期総製造費用					
当期製品製造原価					

貸借対照表

科目					
純資産					
金融機関借入金					

その他

科目					
従業員数					

17 事業承継計画表
　（1）役職計画

基本方針							
氏名	項目	現在	1年後	2年後	3年後	4年後	5年後
	年齢						
	役職						
	報酬						
	年齢						
	役職						
	報酬						
	年齢						
	役職						
	報酬						
	年齢						
	役職						
	報酬						

　（2）株式移転計画

基本方針						
氏名	現在	1年後	2年後	3年後	4年後	5年後
合計	0	0	0	0	0	0

　（3）後継者教育、引き継ぎ計画等

基本方針						
氏名	現在	1年後	2年後	3年後	4年後	5年後

　（4）その他（※）

	現在	1年後	2年後	3年後	4年後	5年後
株式会社化						
取締役会設置						
本社・工場移転						

※（4）その他は、オリジナルの「事業承継支援ノート」にはありませんが、取締役会設置等を計画に入れるケースもあり、参考までに追加しています。

第1章　事業承継の進め方

参考：事業承継マニュアルの事業承継計画

事業承継計画

	社名		中小株式会社			後継者		親族内		親族外	
基本方針	①中小太郎から長男一郎への親族内承継。 ②5年目に社長交代。（代表権を一郎に譲り、太郎は会長へ就任し、10年目には完全に引退） ③10年間のアドバイザーを弁護士と税理士に依頼										
	項目		現在	1年目	2年目	3年目	4年目	5年目	6年目	7年目	8年目	9年目	10年目
事業計画	売上高		8億円					9億円					12億円
	経常利益		3千万円					3千5百万円					5千万円
会社	定款・株式・その他			相続人に対する売渡請求の導入						親族保有株式を配当優先無議決権株式化			
現経営者	年齢		60歳	61歳	62歳	63歳	64歳	65歳	66歳	67歳	68歳	69歳	70歳
	役職		社長 →					会長 →			相談役 →		引退
	関係者の理解			家族会議	社内へ計画発表	取引先・金融機関に紹介		役員の刷新					
	後継者教育			後継者とコミュニケーションをとり、経営理念、ノウハウ、ネットワーク等の自社の強みを承継 →									
	株式・財産の分配							公正証書遺言の作成					
	持株（%）		70%	65%	60%	55%	50%	0%	0%	0%	0%	0%	0%
				毎年贈与（暦年課税制度） →				事業承継税制					
後継者	年齢		33歳	34歳	35歳	36歳	37歳	38歳	39歳	40歳	41歳	42歳	43歳
	役職			取締役 →		専務 →		社長 →					
	後継者教育	社内	工場	営業部門		本社管理部門							
				経営者とコミュニケーションをとり、経営理念、ノウハウ、ネットワーク等の自社の強みを承継 →									
		社外	外部の研修受講	経営革新塾 →									
	持株（※）		0%	5%	10%	15%	20%	70%	70%	70%	70%	70%	70%
				毎年贈与（暦年課税制度） →				事業承継税制	納税猶予 →				
補足	・5年目に贈与時に事業承継税制の活用を検討。 ・遺留分に配慮して遺言書を作成（配偶者へは自宅不動産と現預金、次男・長女へは現預金を配分）。 ・一郎以外の株主（次男・長女）の保有株式を配当優先株式化することで均衡を図る。										

【注意】計画の実行にあたっては専門家と十分に協議した上で行ってください。
資料：中小企業庁「事業承継マニュアル」p17

17

(2) 計画策定後の実行支援用チェックリスト

計画策定後の実行支援で用いるチェックリスト

	内容	留意点等
1	経営計画の進捗状況	・売上、利益等、計画通りに進んでいるか ・不調の場合、原因が明確で、対処法は明らかか
2	後継者の育成状況	・後継者の育成は計画通りに進んでいるか
3	後継者の登用状況	・後継者は計画通りのポストに就けているか ・「名ばかり」になっていないか
4	後継者を支える人材の育成状況	・後継者とともに事業を進めてくれる人材は育っているか
5	後継者を支える人材の登用状況	・後継者を支える人材は計画通りのポストに就けているか ・「名ばかり」になっていないか
6	現経営者の承継後の役割	・現経営者の役割は計画通りか
7	現経営者を支える幹部の処遇	・現経営者を支える幹部の役割は計画通りか
8	人脈の承継状況	・現経営者から後継者への人脈承継は進んでいるか
9	組織、体制、規定等の整備	・組織、体制、規定等の整備は計画通りか
10	現経営者の退職金積立状況	・現経営者の退職時に発生する退職金の積み立ては計画どおりか
11	後継者のバトンタッチの時期	・社長の就任予定時期を先延ばしにしていないか
12	関係者との調整、挨拶	・親族、従業員、金融機関、販売先、仕入先など関係者への情報開示は適時適切か
13	自社株式の株価対策取組状況	・会社の経営に支障をきたすような進め方をしていないか （業務効率を下げる会社分割など）
14	自社株式の後継者への移転状況	・会社の経営に必要な株式の後継者への移転は計画通りか
15	事業用資産の移転状況	・現経営者所有から会社、後継者への移転は進んでいるか
16	後継者以外の相続人への配慮・配分の取組状況	・後継者以外の相続人にも配慮しながら進めているか （株式、金銭、後継者兄弟姉妹への心情的配慮など）
17	遺言書の作成	・（作成前）遺言書は用意したか。形式を満たしているか ・（作成後）書き換えの必要はないか
18	遺留分への対応	・遺留分に配慮した対応をしているか （減殺請求を起こされないような配慮、調整等を含む）
19	株式の買取り資金状況	・（特に後継者が親族以外の場合）株式の買取り資金準備は進んでいるか
20	納税資金の準備状況	・相続税の試算は済んでいるか ・資金の積み立ては十分か
21	経営者の健康状態	・計画の実行に支障をきたすような健康状態の変化はないか
22	後継者の健康状態	・計画の実行に支障をきたすような健康状態の変化はないか
23	承継実行支援者との関係性	・弁護士、税理士、中小企業診断士等、承継の実行支援者と適時適切なコミュニケーションはとれているか

出所：「事業承継支援ノート」事業承継研究会p104

6．専門家との協業体制
(1) 専門家との連携
　支援が広範囲かつ専門分野に拡がることから、税理士をはじめとして、弁護士、司法書士、社会保険労務士等と協力する必要があります。

　最も関係の深いのは会社の顧問税理士ですが、記帳を専門とする先生が多く、次の理由もあり資産税に詳しい方は多くないのが実情です。
- ① 税法に関する通達は、頻繁に改訂され継続的フォローが大変なこと。
- ② 顧問先の中で、相続が発生する頻度は高くないこと。
- ③ 科目合格取得で、相続税は選択科目であること。

　その一方で事業承継に特化した税理士を多く抱える税理士法人も見られます。中には、一般の税理士と契約を結んで、当該税理士あるいは、その顧問先に対してアドバイスをする事務所もあります。従って、支援先の顧問税理士がどのような状況かを把握した上で支援することが大切です。

(2) コンプライアンス
　事業承継では、法律や税務に関するコンサルティングが求められることも多くなります。専門家との連携を深め、支援者自身としては非弁活動等に抵触しないように留意しながら支援活動を遂行することが肝要となります。

　弁護士法第 72 条
　　　弁護士又は弁護士法人でない者は、報酬を得る目的で訴訟事件、非訟事件及び審査請求、異議申立て、再審査請求等行政庁に対する不服申立事件その他一般の法律事件に関して鑑定、代理、仲裁若しくは和解その他の法律事務を取り扱い、又はこれらの周旋をすることを業とすることができない。ただし、この法律又は他の法律に別段の定めがある場合は、この限りでない。

　税理士法第 52 条
　　　税理士又は税理士法人でない者は、この法律に別段の定めがある場合を除くほか、税理士業務を行つてはならない。

第2章　後継者と経営基盤の承継

1．経営者
(1)　引退年齢

次の図1は、中小企業における経営者の平均年齢が20年間で47歳から66歳へ移動したことを示すものです。新聞に掲載されたことで反響も大きかったそうです。図2は社長の引退年齢が平均で70歳を超えているというもので、この両図は事業承継に関する資料に、たびたび登場します。

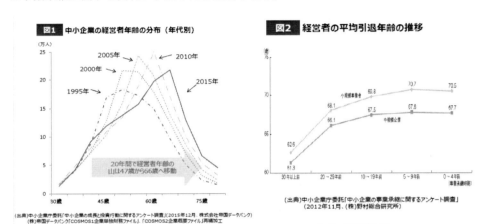

出所：図1,2とも平成28年11月28日 中小企業庁「事業承継に関する現状と課題について」

事業承継の必要性を感じながらも、実際に事業承継の準備を進めている社長は多くはありません。できれば同族内の親族に社長を引き継いで欲しいというのが本音と思います。一国一城の主として長年経営を行った社長は、企業に対する思い入れも強く、勇退時期は自分で決めると考えている方も多く見受けられます。

70歳では働き盛りに見える社長も少なくありません。中には80歳を過ぎてフルマラソンを走る社長にも会いましたし、100歳を超えても社長の座を譲らないという事例にも遭遇しました。

社長が高齢化しているのは、大別すれば、後継者がいない場合と社長を辞めたくない場合とに分けられます。事業承継支援を行う場合には、状況をきちんと把

握し社長の本音を聞き出すことが肝要です。
　辞めたくない理由としては次のようなものです。
　　　①　仕事が趣味で社長を辞めるとすることがなくなる
　　　②　まだまだ元気で承継は先だ
　　　③　生涯現役社長でいて、存在感を維持したい
　　　④　業績が悪いので会社を磨き上げてから承継する
　会社を磨き上げてというのは、病気等で経営に直接関与できていなかった、不採算部門を閉鎖したのち、不動産を売却して借入金を圧縮してからという具体的な内容が特定できているものなのか、あるいは何となく売上を伸ばしてという漠然としたものなのかを確認することが大切です。
　後継者がいない場合は、以下のようなものとなります。
　　　①　親族に適任者がいない
　　　②　後継者が育っておらず、育成に時間がかかる
　　　③　役員にも承継できる人材がいない
　　　④　業績不振で誰も承継したがらない
　後継者が育っていない場合には、後継者が入社して日が浅い、きちんと育成できていない、後継者候補は育成したが能力不足だ、後継者候補が複数いて決めかねる、外部からみると十分に育っているが社長からみるとまだ不安である等々、さまざまケースが含まれます。
　また、社内に有能な役員がいたが、社長の高齢化にともない役員も高齢化し定年退職で辞めており、後継者不在となっている会社も散見します。

(2)　相談相手

　社長の相談相手は特にいないが最も多く、次いで税理士や公認会計士、社内役員、親族の順で、弁護士や中小企業診断士への相談は少ないようです。
　支援者として、あるいは第三者として事業承継について話ができる人は多くはありません。まずは、社長との信頼関係構築が大切です。1回や2回の面談では本音は出てこないものです。社長の本音を聞くことが大切で、何度も通ううちに、会社の課題、社長の思いが見えてきます。
　後継者が社内にいるケースにおいても、実際の承継時期を明確にしていないこ

とが多く見受けられます。社長が父親で、息子が承継者という場合に、親子間で面と向かって事業承継について話合っているところは、それほど多くはないと推察します。とりわけ、職人肌や古いタイプの社長は自分の背中をみて覚えろという方式であることをよく見かけます。また、会社の財務諸表を見せていないとか、きちんと説明していない社長も多いと思われます。

後継者問題の相談相手（複数回答）（n=718）

相談相手	比率
特に相談相手はいない	36.5%
顧問税理士・公認会計士	28.1%
社内役員	26.7%
親族	23.9%
経営者仲間	18.0%
銀行等の金融機関	8.0%
取引先	5.0%
コンサルタント会社	4.1%
その他	3.4%
弁護士	3.2%
中小企業診断士	0.4%
商工会議所等の公的機関	0.4%

出所：中小企業庁「事業承継に現状と課題について」
平成28年11月28日

社内で、ぼちぼち社長は勇退すべきと進言する人はどのくらいいるのでしょうか。同族会社であれば、なおさらです。社長は自分の会社と考えているので、自分のことは自分で判断するという社長が多いのではないでしょうか。

また、社長の座を譲ったのちは、新社長に任せて、口出ししないことが鉄則です。そこで口出しすると院政になってしまい、従業員は新社長ではなく、先代社長の意向を伺うことになります。

2．後継者の選定

(1) 親族内承継

少子化が進行していますので、後継者候補数は減少しているはずです。長男がいると社長としては、どうにかして会社を継がせたいと思うのが人情です。

本人の適性と意欲を確認する必要があります。無理に会社を継がせることは会社にとっても、後継候補者本人にとってもマイナスです。後継者指名を受けた後にストレスから脱毛症となり、あるいはノイローゼになって欠勤が多くなり、どこかに行って連絡が取れなくなったという例もあります。

大学院を出て技術者として働いていたが、社長からの強い要請で会社を辞めて入社したものの、後悔しているようなケースもあります。

最近は親族外で役員への承継やM&Aも増えています。親族内に拘るのではなく、広く後継者を探すことも大事です。

(2) 社長となる資質

資質に関しては様々な見方がありますが、次の項目が重要と考えています。

	項目	内容
1	ビジョンと情熱	経営者となるには、人一倍の情熱が求められます。経営理念を掲げて、会社を発展させるという強い信念が重要です。
2	覚悟と決断力	サラリーマン生活が長いと、会社を背負うという認識が乏しく優柔不断となりやすい。最後は覚悟と決断力が重要となります。
3	心身ともに健康	健康でないと後ろ向きな発想となり、経営判断も鈍ります。入院となれば経営への悪影響も必至です。まずは健康第一です。
4	計数に強いこと	計数に強ければ利益に目が向き赤字の理由を把握し改善を試みます。数字に疎いことは羅針盤を持たずに航海するようなものです。
5	思考の柔軟性	視野を広く持ち、長期的に考え情報を集め、環境変化を察して、臨機応変に対処できる柔軟性が大切です。
6	現場第一主義	机上で考えず、常に現場を見る必要があります。他人の意見を受け入れる度量も必要です。

候補者が多数いるような場合には評価者リストを作成するのも有効です。

		Aさん	Bさん	Cさん	Dさん
1	ビジョンと情熱	◎	○	○	△
2	覚悟と決断力	○	×	△	○
3	心身ともに健康	○	◎	○	△
4	計数に強いこと	△	△	○	○
5	思考の柔軟性	○	○	×	○
6	現場第一主義	△	◎	○	○

3．後継者の育成

後継者を育成するには、5年から10年程度かかりますので計画的に育成することが求められます。

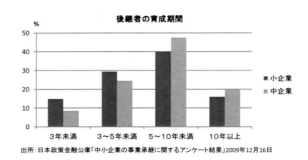

出所：日本政策金融公庫「中小企業の事業承継に関するアンケート結果」2009年12月16日

(1) 教育方法

社内での教育方法

	教育方法	効果
1	各部門をローテーションさせる	経験と知識の習得
2	責任ある地位に就ける	経営に対する自覚が生まれる
3	プロジェクトを立ち上げる	マネジメントを学ぶ
4	経営会議への参加を求める	社内の課題と解決方法を学ぶ
5	経営者による指導	経営理念の引継ぎ
6	番頭や相談役をつける	孤独にならず、資質の向上

出所：事業承継マニュアルp22を加工

　若いうちは、部門ローテーションとして、営業と製造現場（メーカーの場合）経験が必須です。現場で苦労することが大切で、縁の下の力持ちのような仕事を与えると、経営者になったときに役に立つといわれています。

　中堅管理職として、財務や経理を学んで会社の経営数値に強くなることが重要です。メインバンクと交渉できるレベルが目標です。

　社内経験を積んだのちは、部長や役員として「経営計画」策定のプロジェクトを任せると、社内全般を見渡せること、プロジェクトを通して将来の補佐役をみつけることにも繋がります。

　社外教育としては、入社前に他社での勤務経験は貴重です。
　子会社や関連会社の経営を任せると書かれた書籍も目につきますが、そういったグループ経営ができるのは中小企業の中でも比較的大きな会社ですので、すべての会社で採用できるわけではありません。

社外での教育方法

	教育方法	効果
1	他社での勤務を経験させる	広い視野、新しい経営手法の習得
2	子会社・関連会社等の経営を任せる	責任感の醸成・資質の確認
3	後継者塾等に参加する	実践的な知識と仲間づくり
4	セミナー等の活用	必要な知識の習得

出所：事業承継マニュアルp22

後継者塾として、中小企業大学校のコースは充実しています。時間的に余裕がない場合には金融機関や公的機関で開催している「後継者塾」に通うのも有用です。同じ境遇の仲間を得ることで人脈も広がります。

東京都中小企業振興公社の「事業承継塾」では、毎回、ケーススタディを行ってチーム単位で議論を重ね、7回目以降は自社の経営計画を作成してそれを発表させる形式を採用し、参加者の満足度も高いという結果が出ています。

回	テーマ	内容
1	経営理念	経営理念の重要性
2	経営戦略	なぜこの企業はこの戦略を採用したのか
3	ビジネスモデル	企業はどこに強みを見出し、どこでお金を儲けるのか
4	戦略と組織	「戦略を実現する」ために有効な「組織の作り方」
5	税務会計と管理会計	数値に基づくPDCAの大切さを知る
6	経営指標	経営者が理解すべき「管理指標」を考える
7	自社分析シートの作成	各自が自社分析シートで作成
8	発表／まとめ	自社分析シートの発表

出所：東京都中小企業振興公社「事業承継塾」平成29年度後期コース

(2) 後継者に必要な課題認識

後継者が事業承継を円滑に行う上で必要なこととしては、経営状況を・課題を正しく認識すること、事業の将来性や魅力の維持、今後の経営ビジョンが重要と考えられています。

後継者が事業承継を円滑に行うために必要なこと（4196社複数回答）

	項目	割合
1	経営状況・課題を正しく認識	65.4%
2	事業の将来性・魅力の維持	46.1%
3	今後の経営ビジョンを持つこと	45.5%
4	社内での業務経験	42.1%
5	事業承継の目的の明確化	40.0%

出所：帝国データバンク「事業承継に関する企業の意識調査2013年7月」

4．経営基盤の整備
(1) 現状分析

　外部コンサルタントとして、事業承継後のアドバイスを行うためには会社の置かれた状況をきちんと分析しておくことが重要です。

　外部環境、自社の内部環境、株主や経営者といった親族環境の３つを把握しておく必要があります。中でも、外部環境や内部環境は、中小企業診断士の得意とするSWOT分析、ファイブ・フォース分析、３Ｃ分などを通して把握すると良いと思われます。

①外部環境	市場が拡大しているのか縮小しているのか どの程度の市場規模があるか 市場の安定性はどうか 業界の中で、どの位置にあるのか
②内部環境	財務状況はどうか。業績は上向きか下向きか 債務超過ではないか、借入金過多ではないか 製品や商品、技術やノウハウはあるか 人的資源、従業員のスキルは十分か
③親族環境	自社株式のうち親族の所有割合はどうか 社内には同族の役職員がいるか。どの役職か 後継者候補がいるか、それは複数いるのか 社長の個人資産と負債はどの程度か

(2) 組織づくり

　経営者が、後継者への経営引継ぎに際して重要と考える課題として、社内の組織体制の整備と後継者への段階的な権限移譲、そして引継ぎ後の事業運営計画の策定を上位にあげています。

経営の引継ぎに関する課題（後継者決定先）

課題認識	比率
後継者を補佐する人材の確保	81%
社内の組織体制の整備	71%
後継者への段階的な権限の委譲	70%
引継ぎ後の事業運営計画の策定	64%
経営者の個人保証に関する金融機関との折衝	57%

資料：「中小企業白書」2017

数人程度の小規模な会社では、各自の役割を決めれば、組織としての大きな問題は生じません。30人を超えると、組織づくりを行って組織を動かす重要性が高まります。創業者にはワンマン型の経営者が多くみられます。リーダーシップを発揮して企業を発展させてきたわけです。そういう会社は組織で運営するのではなく、経営者の一存で動くことが多く、それに慣れていると後継者が承継しても組織がうまく機能しないケースが見受けられます。
　また、創業者が急に体調を崩して、急遽後継者が登板するような場合には、役員が後継者をないがしろにして、勝手な行動をとることもあります。

　組織構成の基本原則として、権限移譲原則、命令統一原則、権限責任一致原則などがあります。
　権限移譲原則では、後継者は創業者のようにすべての権限を握ることはせずに、役員に一定範囲の権限を委譲することで日常業務を円滑に運営し、経営計画の策定や戦略的な意思決定など本来の業務に集中することが大切です。
　命令統一原則として、経営者が会長に勇退した後は、後継者に任せて口出ししないことが大切です。役員は後継者社長ではなく会長に重要事項を相談することで、権力の二重構造が発生してしまいます。そうなると社内が混乱し、後継者は名ばかり社長となり、実質は会長が院政を敷く結果になります。
　権限責任一致原則では、役職者の業務内容と権限範囲を定めることが肝要です。本来あるべき権限を越えて業務を行っている場合には社長引退後の火種になりますので、既得権を見直し、会社として機能するようにします。しがらみを断ち、必要により決裁規程や服務規程の見直しも考えます。
　会社の置かれている状況にもよりますが、成長が止まり停滞している会社では、組織の簡素化も大切です。30人前後であれば3つの部として、営業、製造（仕入）、管理で足ります。時々、従業員数のわりに部が多く、組織も多層化しているときがあります。命令系統は、社長→部長→職員で十分です。多層化すると組織の動きが鈍り、情報が迅速にあがってこなくなります。

(3) 後継者の「右腕」の確保

後継者の「右腕」となる人材は企業の安定および成長に不可欠な存在です。右腕としては、諸葛孔明のような軍師タイプ、気軽に相談できる相棒タイプ、内助の功のような管理タイプなど様々ですし、相性の問題もあるので、一概には言えませんが、後継者が孤独になり迷走を防ぐ意味でも右腕は大切です。

後継者は、まずは社内の状況を把握したうえで戦略を練るべきです。社長になった直後に、矢継ぎ早に、組織変更、人事の大幅な若返り、新規事業への進出の狼煙をあげ、かえって社内を混乱に陥らせた事例もあります。その点、右腕がいれば、そのような暴走を防ぐこともできます。

(4) 古参役員の処遇

難しいのは前社長と苦楽を共にしてき古参役員の扱いです。社長交代時に合わせて古参役員にも勇退願うのが普通です。後継者が若い場合には、人柄にもよりますが、古参社員を番頭として活用することも考えられます。

古参役員が古い慣習に囚われており、それが原因で改革できないような場合には今までの功績に報いつつ、退職を願うことが必要となります。

前社長が死亡した後に、古参役員が後継者社長を無視して社内を牛耳るようなケースもたまにあります。社内派閥を作り、言うことを聞かないのであれば従業員を率いて独立すると威圧するようなケースです。

ひとくちに古参役員といっても様々で、リスクが内在している場合には早めに断ち切ることが肝要です。

(5) 不正防止と内部統制の確立

ガバナンスというと取締役会や監査役会を中心とした機関設計を思い浮かべますが、ここでは不正防止に焦点を当てた内部統制を念頭に置いています。

社長がカリスマ経営者であれば規程類は不要ですし特に問題は生じません。

社長が急死して娘婿が後継者となったのですが、従業員が退職し、調査してみると在庫がなくなっていた事例もあります。

機密情報の漏洩等にも気を配る必要があり、会社の「行動規範」を制定して、不正には断固として刑事告訴するという姿勢を示すことが肝要です。

第3章　相続の知識

1．相続に関する用語

(1)　相続順位

　相続人には血族相続人と配偶者相続人があります。配偶者は常に相続人となります。血族相続人の第1順位は子（直系卑属）です。第1順位がいない場合には第2順位である父母（直系尊属）となり、第1順位も第2順位もいない場合には第3順位の兄弟姉妹がなります。

順位	血族相続人		配偶者相続人	
	血族	法定相続割合	配偶者	法定相続割合
第1順位	子	1/2	配偶者	1/2
第2順位	直系尊属	1/3		2/3
第3順位	兄弟姉妹	1/4		3/4

　法定相続分は、第1順位のケースで配偶者と子2人の場合は、配偶者は2分の1、子は1人4分の1となります。配偶者が亡くなっており、子2人だけの時は子が1人2分の1となります。

(2)　代襲相続

　代襲相続人とは、血族相続人となるべき者が被相続人の相続開始前に亡くなっていた場合に、その相続の権利を承継する「子」です。

　父（被相続人）の相続が発生した時点で、子が先に亡くなっていた場合には、子の子（孫）が相続人となります。これが代襲相続です。子も孫も先に亡くなっている場合には、ひ孫が代襲相続人（再代襲相続）になります。

　直系尊属は「子」ではないので代襲相続はありませんが、父母ともに亡くなっており祖父母が生きていれば、一番近い祖父母が相続人になります。

　兄弟姉妹は子や孫のような直系親族ではないので、代襲相続は甥と姪までとなります。

順位	血族相続人	代襲相続	再代襲相続
第1順位	子	○	○
第2順位	直系尊属	×	×
第3順位	兄弟姉妹	○	×

(3) 特別利益と寄与分

　生前に特定の相続人に多額の贈与（特別利益）を行っていたような場合には、相続人の間で不平等となることから、相続財産を分割する際には、特別利益を戻して分割案を考えます。例えば、相続財産が 9,000 万円として、長男には生前贈与が 3,000 万円行われていた場合に、その生前贈与を特別利益として相続財産に加え、平等に分割するものです。

　寄与分は被相続人に特別に寄与した者に対して、その金額を差し引いて、相続財産を分割し、寄与した者には、寄与分を上乗せするものです。

特別利益　　　　　　　　　　　　　　万円

	相続財産	特別受益	計	分割
長男	3,000	3,000	6,000	4,000
次男	3,000		3,000	4,000
長女	3,000		3,000	4,000
合計	9,000		12,000	12,000

寄与分　　　　　　　　　　　　　　　万円

	相続財産	寄与	計
長男	3,000		3,000
次男	3,000		3,000
長女	3,000	1,000	4,000
合計	10,000		10,000

(4) 相続放棄と限定承認

　相続放棄をすると、最初から相続人でなかったとみなされます。これは相続人が単独でできます。

　これに対して、限定承認は相続する財産の限度までは相続債務を支払い、財産が残ればこれを相続するという意思表示です。限定承認は相続人単独ではできず、相続人全員が合意したときに限って選択できます。

(5) 代償分割

　相続人が長男と次男の場合、相続財産は自宅しかなく長男が相続取得した場合に、長男は自分の財産を次男に渡すことでバランスを保つ方法です。例えば長男が 6,000 万円の自宅を相続し、長男は次男に 3,000 万円を支払うことで相続人の平等を保ちます。

　　　　　　　　　　　　　　　　　　万円

	長男	次男
相続資産	6,000	0
代償交付金	△ 3,000	3,000
合計	3,000	3,000

2．相続税の計算

事業承継に関係が深い箇所を中心に次の3つのステップで概要を示します。

　　ステップ①　　課税遺産総額を求めるプロセス
　　ステップ②　　相続税の総額を計算するプロセス
　　ステップ③　　実際の納付額を算出するプロセス

ステップ①は課税遺産総額の算出です。これは被相続人の財産から負債や基礎控除等を引いて計算するプロセスです。本来の相続財産に、みなし相続財産や、相続時精算課税による贈与財産や相続開始前3年以内の贈与財産を加えます。

そこから非課税財産、債務・葬儀費用、小規模宅地等の評価減を引いて課税価格（相続人ごとに取得した財産価額の合計額）を計算し、基礎控除を引いて課税遺産総額を求めます。

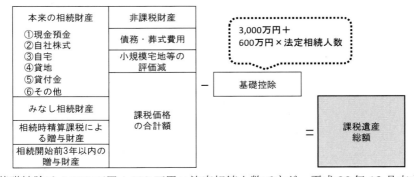

基礎控除は3,000万円＋600万円×法定相続人数ですが、平成26年12月末までは5,000万円＋1,000万円×法定相続人数でしたので、基礎控除額は大きく減少し、その結果として相続税を納める必要のある対象者が増加しています。

ステップ②は相続税の総額計算です。課税遺産総額に法定相続割合で相続する前提で計算します。実際の相続割合ではなく、法定相続割合で計算します。

相続税の速算表

課税遺産総額×法定相続分		税率	控除額
	1,000万円以下	10%	−
1,000万円超	3,000万円以下	15%	50万円
3,000万円超	5,000万円以下	20%	200万円
5,000万円超	1億円以下	30%	700万円
1億円超	2億円以下	40%	1,700万円
2億円超	3億円以下	45%	2,700万円
3億円超	6億円以下	50%	4,200万円
6億円超		55%	7,200万円

例えば、課税遺産総額が2億円とすれば、法定相続分は配偶者1億円、長男と次男が各5,000万円です。相続税は、配偶者2,300万円、長男と次男が各800万円、相続税の総額は3,900万円となります。

ステップ③は、相続税の総額を実際に相続する人に分けて計算します。

税額控除としては、暦年課税分の贈与税額控除、配偶者の税額軽減、未成年者控除、障害者控除、相次相続控除、外国税額控除、相続時精算課税分の贈与税額控除の7種類あります。

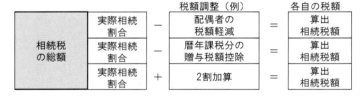

最も影響あるのが、配偶者の税額軽減です。取得した財産額が1億6,000万円以下、または法定相続分以下のいずれかであれば、相続税はかかりません。

暦年課税分の税額控除は、相続開始前3年以内の贈与財産を相続財産に戻して計算していますので、二重課税を防ぐために、贈与された時にかかった贈与税を相続税から控除するものです。なお、相続時精算課税分の贈与税がある場合には、これも控除します。

2割加算は、相続人が配偶者、子供、父母以外が取得する場合に相続税の2割を加算するものです。なお、子供が亡くなっている場合には、その孫は代襲相続人として加算対象になりません。

先ほどの例で、実際に相続したのは配偶者が1億4,000万円（70％）、長男と次男が3,000万円（各15％）であれば、相続税額は、配偶者については配偶者税額軽減によりゼロ、長男と次男は各585万円（3,900万円×15％）となります。

3．相続財産
(1) 現金預金
普通預金等は当然に相続財産となります。なお、従来は、可分債権とされていましたが、平成28年12月19日の最高裁判決で分割されることなく、遺産分割の対象となるとされています。
(2) 自社株式
事業承継上は自社株式が重要です。流動性の乏しい自社株式も上場会社の株式と同じように価値があるとみて、相続税法上の方法で計算します。
(3) 貸付金
同族会社に貸している貸付金は現金預金と同様に相続財産になります。債務超過で会社からの返済が期待できない場合には、債権放棄をおこなっておくと当該会社の財務体質改善と、相続税対策になります。
(4) 土地
国税庁の財産評価基本通達に従って評価します。市街化が進んだ地域は「路線価方式」、それ以外は「倍率方式」となります。路線価は、毎年7月に、その年の1月1日時点の価額として国税庁から公表されます。
(5) みなし相続財産
民法上は相続財産ではないのですが、実質的には財産取得と同じ効果があるとみなされる財産です。
① 被相続人の死亡時に受け取った生命保険の死亡保険金のうち、被相続人が契約者として保険料を負担していたもの
② 被相続人の死亡により受け取った死亡退職金
③ 保険契約者が被相続人で、被相続人以外が被保険者の生命保険解約金相当

(6) 非課税財産

① 仏壇や墓地など
② 死亡保険金に関して、500万円×法定相続人の数
③ 死亡退職金に関して、500万円×法定相続人の数

(7) 債務葬式費用

通夜や本葬の費用

4．不動産の評価

(1) 路線価

相続税路線価は相続税・贈与税の算出基準という位置づけにあります。路線価は地価公示価格の80％程度とされています。

	地価公示	基準値	相続税路線価	固定資産税評価額
公表主体	国土交通省	都道府県	国税庁	市町村
目的	適正な地価形成	国土法審査基準	相続税・贈与税の算出基準	固定資産税の算出基準
価格時点	1月1日	7月1日	1月1日	1月1日
公表時点	3月下旬	9月下旬	7月初旬	4月初旬
カバーエリア	都市計画地域	都道府県全域	市街化区域	市区長村全域
価格水準	100％	100％	地価公示価格の80％程度	地価公示価格の70％程度

路線価の見方は国税庁のHPに載っています。

1平方メートル当たりの価額を千円単位で表示されており、260Dとあれば、路線価が260,000円で、借地権割合が60％であることを示しています。

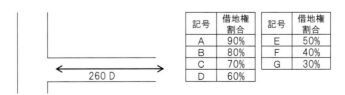

(2) 小規模宅地等の評価減の特例

　納税のために自宅や事業用の土地を売却しなければならないという事態に陥ることを避ける必要があります。そのために、一定の条件を満たしていれば、一定の面積まで、相続税を一定割合まで減額する制度です。

　特例を受けるには、居住用宅地であれば被相続人と同居していた親族が、事業用宅地であれば被相続人の事業を引き継ぐ親族が、当該土地を取得し、申告期限まで引き続いて所有し、かつ居住ないし事業を継続する必要があります。

相続開始直前	適用対象	取得者	継続要件 所有	継続要件 居住・事業	限度面積	減額割合
居住用	特定居住用宅地等	配偶者	×	×	330㎡	80%
居住用	特定居住用宅地等	同居親族	○	○	330㎡	80%
居住用	特定居住用宅地等	別居親族(※)	○	×	330㎡	80%
事業用	特定事業用宅地等	親族	○	○	400㎡	80%
事業用	特定同族会社事業用宅地等	役員親族	○	○	400㎡	80%
事業用	貸付事業用宅地等	親族	○	○	200㎡	50%

※（家なき子特例）平成30年度税制改正で要件が厳しくなった
出所：佐伯草一編著「図解相続税法超入門」（税務経理協会）p75

　特定事業用宅地等は父親の事業を引き継ぐ場合で、下の事例でいえば、そば屋を営んでおり、長男が引き続き、そば屋を営むケースです。

　特定同族会社事業用宅地等は、例えば同族会社の役員である長男が、土地を相続し、引き続き事業を営むケースです。取得した長男が法人役員（取締役や監査役等）であり、相続税の申告期限まで宅地を所有している必要があります。また、被相続人が無償で同族会社に貸していた場合は適用を受けることはできません。

特定事業用宅地等
店舗（そば屋）
土地（父親所有）

特定同族会社事業用宅地等
同族会社所有ビル
土地（父親所有）

　なお、適用対象となる宅地が2つ以上ある場合には、上限があります。租税特別措置法69条の4②に規定され、最大で400㎡までとなっています。

　　A（㎡）＝特定事業用宅地等の面積
　　B（㎡）＝特定居住用宅地等の面積
　　C（㎡）＝貸付事業用宅地等の面積
　　計算式 ＝ （A）＋（B×5／3）＋（C×2）≦400㎡

5．遺言
(1) 遺言の種類

普通方式の遺言には、自筆証書遺言、公正証書遺言、そして秘密証書遺言の3つがあります。

自筆証書遺言では、遺言をする人が内容の全文と、日付、氏名を自書し、署名の下に押印します。要件が厳しくて、文章をワープロで作成して署名だけ自筆というものや日付を特定できないものは無効となります。ただし、平成32年4月1日施行の民法改正の要綱案では、自筆証書遺言の方式緩和（財産目録は自書不要）と遺言書の保管制度創設といった利便性向上が盛り込まれています。

自筆証書遺言では、相続開始後に家庭裁判所に申請して封印のある遺言書の場合には相続人立会いのもとで、開封して確認する「検認」の手続きが必要です。

公正証書遺言は、遺言者が口頭で趣旨を伝え、それを公証人が「公正証書」で作成によるものです。

秘密証書遺言は、両者の中間的な位置づけです。自筆証書遺言を公証人役場で自己の遺言書であることを述べて、その存在がわかるようにする遺言ですが、作成そのものは公証人が関与しないので、自筆証書遺言の要件を満たさなければ無効となります。

	自筆証書遺言		公正証書遺言	
手間	○	全文自筆	△	公証人が記述
証人	○	不要	×	2人以上
検認	×	必要	○	不要
秘密	○	守れる	△	証人には判明
費用	○	不要	×	公証人手数料
紛失	×	改竄リスクもある	○	安全
検認	×	必要	○	不要
不備	×	不備になりやすい	○	リスク少ない

遺言は公正証書で作成すべきですが、自筆証書遺言より優先されることはありません。作成日付の最も新しい遺言が最終的には効力を持ちます。

なお、遺言書には遺言執行者を記載すべきです。遺言執行者の指定がない遺言書の場合には、金融機関での預金解約や名義変更等の手続きを相続人・受遺者が単独で実行できないことが一般的です。

相続人間での争いや、事業承継に支障をきたすリスクがある場合には、弁護士に事前相談するべきです。遺言執行者を弁護士としておけば、相続開始後に円滑な処理が期待できます。

(2) 「相続させる」遺言と「遺贈」

相続させる遺言は法定相続人を前提とするので、法定相続人以外に渡す場合には「遺贈する」という文言となります。「相続させる」遺言は相続で「一般承継」となりますが、「遺贈」による承継は贈与と同じ「特定承継」となります。

	「相続させる」遺言	「遺贈」
文例	甲土地をAに相続させる	甲土地をAに遺贈する
法的性質	相続。一般承継	贈与と同じ特定承継
承継人	相続人に限定	限定なし
登記手続き	承継相続人単独申請	承継人と相続人全員で申請
対抗要件	登記なしに主張可	登記による対抗要件具備

出所：日本公認会計士協会「事業承継支援マニュアル」p100の一部引用

自社株式は、株式譲渡制限会社については「相続させる」遺言による承継は譲渡承認が不要となる一方で、「遺贈」による承継については承認が必要です。

不動産の場合に、「相続させる」遺言は相続人の単独申請により所有権移転登記ができます。「遺贈する」遺言では相続人全員が登記義務者となり権利者と共同申請する必要があるため、反対者がいると遅々として進まない事態が生じます。事業用の不動産を後継者に移転させるには、「相続させる」遺言とすべきです。

(3) 死因贈与

贈与者が死亡することによって贈与の効果が発生する契約です。遺贈は遺言者が単独で行ないますが、死因贈与は贈与者と受贈者の合意で行う契約です。遺贈は単独で行うので厳密な様式が求められますが、死因贈与は両者で行うので、ワープロで作成する契約書で問題なしとされます。

特定の相続人（長女等）に自分や配偶者の面倒をみてもらうことを委ねるといた利用法が考えられます。

6. 後見制度

(1) 法定後見制度（成年後見制度）

　禁治産・準禁治産制度は戸籍への記載もあり負のイメージが強く心理的にも利用しにくい風潮でした。この制度に対応するのが法定後見制度です。判断能力が衰えた後の人が対象ですので、法定被後見人は取締役にはなれません。

　法定後見制度に関しては司法書士が精通しているほか、弁護士等にも手続き等を頼むことができます。なお、平成28年における成年後見制度において、後見人は、親族28%、司法書士27%、弁護士23%、社会福祉士11%、その他11%です（最高裁判所事務総局家庭局データ）。

(2) 任意後見制度

　新しくできたのが任意後見制度です。これは本人の判断能力が低下する前から利用できます。高齢化し認知症が疑われる経営者にお会いするケースも増えており、今後のために利用を検討することも必要となります。

① 今は問題ないが、将来、判断能力が低下した時点で任意後見人の援助を受けるという将来型。
② 判断能力はあるが、高齢で財産管理に不安があり、今のうちから後見制度を利用する移行型。
③ 判断能力の低下がみられるが、程度が軽く意思能力があると認められる場合に利用する即効型

	メリット	内容
1	自らの意思で任意後見人に選任できる。	任意後見人の資格には制限がなく、親族、弁護士などの専門家等にも依頼できます。
2	任意後見契約の事項を定めることができる。	本人が任意後見人との任意後見契約の内容を自由に決めることができます。「財産管理」など
3	任意後見人の仕事はチェックされる。	裁判所から選任された任意後見監督人が、任意後見人を監督するので安心です。
4	任意後見人の地位が公的に証明される。	契約内容が登記されるので、任意後見人の地位が公的に証明されます。
5	選挙権の制限や資格制限がない。	法定後見と異なり選挙権の制限はなく、会社の取締役に就けなくなることもない。

　任意後見制度を利用するには、公正証書による契約にする必要があり、契約内容は法務省から出されている様式（代理権目録）に沿って書きます。代理権目録

には多くの事項が列挙され、必要な項目を選択することができます。

代理権目録

	事項	詳細な内容の例
A	財産の管理・保存・処分	担保権の設定、賃貸借契約の締結
B	金融機関との取引	預貯金に関する取引、融資取引
C	定期的な収入の受領及び費用の支払い	家賃や地代の受領や支払い
D	生活に必要な送金及び物品の購入	生活費の送金
E	相続	遺産分割、相続の承認や放棄
F	保険	保険契約の締結、保険金の受領
G	証書類の保管及び各種の手続	実印、銀行印、登記の申請、税金の申告
以下略		

　任意後見制度を利用する場合には、取締役としての処遇をどうするか、いつの時点で取締役を退任する等を決めておく必要があると考えます。

　また、株主である場合は、議決権行使が問題となります。代理権目録にある「財産の管理」では議決権行使はできないと解されており、議決権行使を行うには、代理権目録に「株主権の行使」を明記する必要があるとされます。

(3) 認知症対策としての後見制度支援信託

　平成24年に導入された制度で、成年後見及び未成年後見のみを対象としています。日常的な支払を要するに必要な金銭を預貯金として後見人が管理し、通常使用しない金銭を信託銀行等に信託する仕組みです。平成28年1年間の利用者は6,941人、信託財産額の平均は3,090万円となっています。

　保佐、補助及び任意後見はこの制度を利用できません。

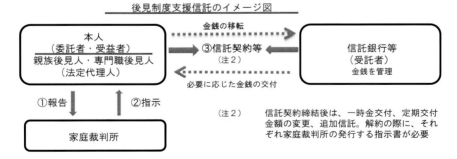

後見制度支援信託のイメージ図

7．遺留分
(1) 遺留分の割合

　遺留分は、相続人のうち、配偶者、子、父母（直系尊属）に限られます。兄弟姉妹は各自で生計を立てることから遺留分はありません。

　遺留分は、原則として相続財産の2分の1です。ただし、直系尊属のみが相続人の場合には3分の1となります。直系卑属よりも遺留分に対する期待値が少ないという理由です。

(2) 遺留分減殺請求権

　遺留分減殺請求権とは、遺留分を有する相続人が、遺言により財産を取得した人や、過去に財産の贈与を受けた人に対して遺留分に相当する財産を渡すように請求する権利のことです。

　遺留分の計算では、過去に行った生前贈与をすべて含めていましたが、民法改正要綱案では相続開始前の10年間にされた贈与に限定されています。

　遺留分の侵害があっても、行使するかしないかは相続人の自由です。自社株式の価値が高い場合には、自社株式を承継しない相続人の相続割合が低くなります。事業に携わっていないのであれば、流動性の乏しい自社株式よりも現預金の方が好まれるはずですので、配分案を調整すれば遺留分減殺請求権の行使は免れることが多くなります。

　遺留分減殺請求権に対しては、以下のような対策が考えられます。

① 　生命保険を利用する方法です。相続人を受取人とすることで価額弁償の準備を行います。
② 　経営承継円滑化法の民法特例における、除外合意（遺留分に算入しない）や固定合意（評価額を固定）を利用します。
③ 　自社株式について、信託を利用すれば、受益権と議決権に分離できますので、配当等の受益権を渡すことも可能です。
④ 　自社株式のうち、種類株式で無議決権株式と優先株式を組み合わせて発行し、配当優先無議決権株式を渡します。

8．財産分配例

一般社団法人東京都中小企業診断士協会認定の「事業承継研究会」の事業承継支援ノート作成プロジェクトチームが作成した「中小企業診断士のための事業承継支援ノート」の中にある財産分配事例を紹介します。

ケースA　：実子が後継者で、後継者以外の子は経営に関与してない場合

分配案のコンセプトは、後継者である長男に自社株式を集中させることです。
この結果、長男の取得割合が65％に達します。納付税額が51百万円と高くなりますが、死亡退職金でほぼ賄えることから概ね納税可能となっています。

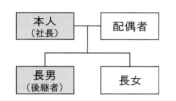

本人	70歳	代表取締役社長
配偶者	68歳	専業主婦
長男	45歳	専務（後継者）
長女	43歳	専業主婦

本人の財産内容　　　　　　　　金額単位：百万円

財産内容	金額	備考
現預金	50	
退職金	50	死亡退職金
自宅	50	
賃貸アパート	50	
自社株式	200	社長が全株式200株保有
合計	400	

分配案のコンセプト
・自社株は長男に集中
・自宅は配偶者に
・賃貸アパートは長女に
・退職金は決定権のある長男が全て受領し、納税に充当
・現預金は、配偶者と長女のバランスを踏まえて決定

第1部　支援に必要な基礎知識

分配案　　　　　　　　　　　　　　　　　　　　　　　　　　　　　　金額単位：百万円

相続税の計算	全体	配偶者	長男	長女	備考
現預金	50	30		20	配偶者に6/10、長女に4/10
退職金	50		50		
自宅	50	50			
賃貸アパート	50			50	
自社株式	200		200		
合計	400	80	250	70	
小規模宅地の評価減	△24	△24			適用要件充足
退職金の非課税限度額	△15		△15		
課税価額	361	56	235	70	
取得割合	-	16%	65%	19%	
相続税の総額	79	-	-	-	
各人の相続税額	-	12	51	15	相続税の総額を取得割合で按分
配偶者の税額軽減	△12	△12	-	-	
2割加算	-	-	-	-	
納付税額	66	0	51	15	
納税資金過不足	34	30	△1	5	概ね納税可能

遺留分の判定	全体	配偶者	長男	長女	備考
基礎金額	350	80	200	70	退職金は固有財産として基礎金額に不算入
取得割合	-	23%	57%	20%	同上
遺留分割合	-	25%	13%	13%	法定相続分の1/2相当
遺留分侵害の有無	-	有	無	無	実際は時価算定で判断するので留意

　ケースB：実子に後継者が不在で、実子の配偶者が後継者である場合

　分配案のコンセプトは自社株式を長女に7割、孫①に3割渡す案です。孫①に一代飛ばして移転できますが、相続税の2割加算にも該当し、5百万円の納税資金不足が発生します。

　なお、自社株式は、実子の配偶者（長女の夫）が後継者となる場合には、実子と配偶者との離婚リスクも考慮して株式を分配していません。

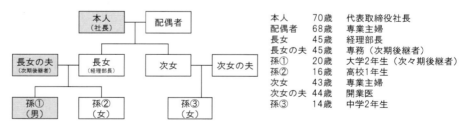

本人	70歳	代表取締役社長
配偶者	68歳	専業主婦
長女	45歳	経理部長
長女の夫	45歳	専務（次期後継者）
孫①	20歳	大学2年生（次々期後継者）
孫②	16歳	高校1年生
次女	43歳	専業主婦
次女の夫	44歳	開業医
孫③	14歳	中学2年生

本人の財産内容　　　　　　　　　　　　金額単位：百万円

財産内容	金額	備考
現預金	50	
退職金	50	死亡退職金
自宅	50	
賃貸アパート	50	
自社株式	200	社長が全株式200株保有
合計	400	

分配案のコンセプト
- 自社株式は長女に7割（特別決議可）、孫①に3割（一代飛ばし）
- 自宅は配偶者に
- 賃貸アパートは長女に
- 退職金は決定権のある長女が、長女と孫①の納税を踏まえて決定
- 現預金、配偶者と長女のバランスを踏まえて決定

※ 実子の配偶者が後継者である場合には、実子とその配偶者の離婚
　　リスクも踏まえて株式を分配しない場合も多い

分配案　　　　　　　　　　　　　　　　　　　　　　　　金額単位：百万円

相続税の計算	全体	配偶者	長女	孫①	次女	備考
現預金	50	30			20	配偶者に6/10、長女に4/10
退職金	50		35	15		
自宅	50	50				
賃貸アパート	50				50	
自社株式	200		140	60		長女に7/10、孫①に3/10
合計	400	80	175	75	70	
小規模宅地の評価減	△24	△24				適用要件充足
退職金の非課税限度額	△15		△15			
課税価額	361	56	160	75	70	
取得割合	-	16%	44%	21%	19%	
相続税の総額	79	-	-	-	-	
各人の相続税額	-	12	35	16	15	相続税の総額を取得割合で按分
配偶者の税額軽減	△12	△12	-	-	-	
2割加算	-	-	-	3	-	
納付税額	66	0	35	20	15	
納税資金過不足	34	30	0	△5	5	孫①の納税資金不足への対応が必要

遺留分の判定	全体	配偶者	長女	孫①	次女	備考
基礎金額	350	80	200	60	70	退職金は固有財産として基礎金額に不算入
取得割合	-	23%	57%	17%	20%	同上
遺留分割合	-	25%	13%	0%	13%	法定相続分の1/2相当
遺留分侵害の有無	-	有	無	無	無	実際は時価算定で判断するので留意

第4章　経営権の確保

1．機関設計
(1)　定款

　株式会社は、発起設立の場合には発起人が定款を作り、株主を確定し、役員などの機関を決め、設立登記をします。株式会社は資本金が1円でも設立可能ですが、設立登記費用などに20〜30万円程度かかります。登録免許税は資本金に対して1,000分の7の金額ですが、最低15万円は必要となります。

発起設立の場合　　　　　　　　　　　　　　円

項目	支払先	概算費用
定款認証（電子）	公証役場	50,000
設立登記費用	法務局	150,000
登記簿謄本等	法務局	2,000
司法書士報酬	司法書士	
合計		202,000

　会社を設立登記するときに作成する定款は会社運営の基本ルールを定めたもので、株式会社の定款は公証人の認証を受けなければ効力が生じません。

　定款に規定する内容は、絶対的記載事項、相対的記載事項、任意的記載事項があり、絶対的記載事項には、目的、商号、本店所在地等があります。

　ときどき、定款が行方不明となっている会社にお目にかかります。もしも定款が見つからない場合には、定款認証を受けた公証人役場、司法書士に依頼したのであれば当時頼んだ司法書士事務所に問い合わせることが考えられます。

　それでも見つからない場合は、改めて定款を作り直して株主総会の特別決議で承認を得ることが必要となってきます。

(2)　株主総会

　株主総会は株式会社における最高の意思決定機関です。

　ただし、実際の業務は、株主総会で選任された取締役が行います（会社法348条）。株主総会の権限は、取締役会設置会社かどうかによって異なります。

　取締役会設置会社の場合には、会社法が規定する事項及び定款で定めた事項に

ついてのみ決議する権限があります（会社法295条2項）。具体的には定款変更、役員選任、組織再編の承認等です。

これに対して、取締役会非設置会社の場合には、取締役＝株主のケースも多く株主総会の開催も容易なので、会社法が規定する事項以外にも、会社の組織、運営、管理等一切の事項について決議する権限があります（会社法295条）。

株主総会には貸借対照表等計算書類の承認を行うために少なくとも年に1回の開催を行う定時株主総会と、必要な時に開催する臨時株主総会があります。

(3) 取締役

機関設計の最もシンプルな形態は株主総会と取締役を置くことです。零細な場合にはこれで十分です。経営者が株主かつ取締役というケースです。

ある程度の規模となると、取締役会設置会社のほうが便利です。監査役を置くことによりガバナンスも強化されます。

取締役は最低でも1人は必要です。何人いても構いませんが、取締役が複数いる場合には取締役の過半数をもって業務の執行を決定（会社法348条2項）します。この場合は各自が会社を代表（会社法349条2項）します。取締役会設置会社とする場合には取締役は3名以上必要となります。

代表取締役の選定は、取締役会非設置会社の場合には、定款、定款の定めに基づく取締役の互選または株主総会の決議によって取締役の中から決め（会社法349条3項）、取締役会設置会社では取締役会において取締役の中から選定（会社法362条3項）します。代表取締役は1人ではなく複数とすることも可能です。総合商社は事業部制を敷いていることも多く、そのトップは代表取締役としていますので代表取締役副社長が何人かいます。このような場合、代表取締役ごとに別々の会社代表印（実印）を届け出ることも可能です。

会社法上の役員は代表取締役と取締役で、社長は会社法上には規定されていません。代表権を持たない社長も結構います。

　取締役会の議長が社長で、株主総会の議長は会長とすることも散見されます。後継者に社長を譲った後も、お目付け役として株主総会の議長となるケースです。

　取締役会の開催には、議案について特別利害関係のある取締役を除き、取締役のうちの過半数以上の出席が必要で、かつ出席取締役の過半数の同意が必要となるため、取締役数は絞り、かつ奇数とすべきです。

　代表取締役の権限は、対外的な会社の代表権、会社の業務執行権限、取締役会から委任を受けた事項についての意思決定に関する権限です。

　代表取締役の権限は大きいのですが、取締役会で決議しなければならない専権事項（会社法362条4項）もあります。

	取締役会の職務		取締役会の専権事項
①	業務執行の決定	①	重要な財産の処分・譲受
②	取締役の職務遂行の監督	②	多額の借財
③	代表取締役の選定・解職	③	支配人など重要な使用人の選任・解任
		④	支店など重要な組織の設置・変更・廃止
		⑤	社債の募集に関する事項
		⑥	内部統制システムの整備
		⑦	取締役の決議による取締役の責任免除

　取締役の報酬は、定款又は株主総会で決議により、金額又は算定方法を定めます（会社法361条1項）。定款に定めを置くことは稀で、実務上は、取締役報酬の上限枠のみ株主総会で決議し、具体的報酬額は取締役会決議に委任します。

　なお、役員報酬は法人税法34条に会社の損金として認められる要件が定められています。

会社の損金として認められる役員報酬

	区分	内容
①	定期同額給与	事業年度開始の日から3カ月以内に役員報酬を確定し、毎月一定の時期に定額で支払われる報酬
②	事前確定届出給与	株主総会から1カ月以内に税務署へ届出をし、その届出通りに支給される報酬
③	利益連動型給与	同族会社以外で一定の要件を満たした場合のみ認められる利益に応じて支払われる報酬

出所：島村謙、佐久間裕幸編著「中小企業経営に役立つ　会社法の実務相談事例」ぎょうせい p137

(4) 監査役

　監査役の職務・権限は、取締役の職務執行を監査することです。その監査対象は業務監査と会計監査の両方が含まれますので、会計上に限らず取締役が行う業務の適法性もチェックすることになります。なお、非公開会社では定款で監査役の監査権限の範囲を会計監査に限定すると定めることができます。

　監査役は株主総会に提出する議案や書類を調査し、法令や定款に違反し、著しく不当な事項は調査結果を株主総会に報告します（会社法384条、会社法施行規則129条）ので、お目付け役という観点から活用すべきです。

　また、監査役の代わりに「会計参与」を置くという選択肢もあります。会計参与は取締役と共同して計算書類附属明細書を作成しますので、税理士や公認会計士が就任することになります。

　中小企業では、社長の母親や配偶者という親族を監査役とするケースが多くみられます。監査役としての機能を期待するというよりも形式的に置いて多少の報酬を支払っているのが一般的な姿です。

(5) 執行役員

　執行役員制度を導入する会社が増えています。一部権限を執行役員に移譲して取締役会での迅速な意思決定を行う目的です。中小企業においては、取締役は親族として、有能な人材を執行役員として処遇する例が見られます。

　執行役員は会社法上の役員ではないので株主代表訴訟の対象にはならないし、登記も不要です。会社法に基づく役員は代表取締役と取締役ですが、これとは別に社長、専務、常務といった組織内の序列があり、業務執行に責任を負う者が執行役員となります。

　そうした執行役員のトップが社長であり、社長執行役員という位置づけも可能とされます。代表権を持たなければ「取締役社長執行役員」となりますし、取締役ではない「社長執行役員」も可能です。その場合には、社長執行役員は、取締役会ないし取締役の意思決定及び監督に服することになります。（浜辺陽一郎著「執行役員制度（第五版）」東洋経済新報社 p239～242）

2．株式と議決権

(1) 議決権

株主総会決議の種類

種類	決議要件	主な内容
普通決議	過半数	取締役の選任と解任 役員報酬の決定 配当の分配
特別決議	3分の2以上	定款変更 合併や会社分割等 事業の全部譲渡
特殊決議	3分の2以上	譲渡制限規定の創設
	4分の3以上	属人的株式

　会社の存続という観点では特別決議が重要です。定款の変更や合併等の重要事項では3分の2が必要となりますので、後継者に議決権を集中すべきとされます。単独で3分の2以上保有が望ましく、それが難しい場合には親しい親族で3分の2以上を確保することが肝要です。

　属人的定め（属人的株式）を行なうには、特殊決議として4分の3以上が必要です。株主平等原則の例外となるので、高い決議要件が要求されます。

　事業承継では、議決権を3分の2以上確保すれば十分ですが、万全というわけではなく、少数株主にも一定の留意が必要です。

　中小企業では従業員にも財務諸表を開示していない会社が多く存在しますが、株主には開示する必要があります。定時株主総会の招集通知は1株しか有しない株主にも送付します。取締役会設置会社であれば貸借対照表や損益計算書などの計算書類を定時株主総会の招集通知に添付するので会社の状況がわかります。

　3％以上保有していれば役員の解任請求ができるほか、会計帳簿閲覧請求も可能です。閲覧すれば計算書類だけではわからないような販売や仕入に関する情報が把握でき、会社の情報が漏れるリスクが高まります。

少数株主の権利

保有	主な内容
1％以上	株主総会での議案提案
3％以上	役員の解任請求 会計帳簿閲覧請求

(2) 株券と株主名簿

　会社法では株券を発行しないことを前提にするので、定款に株式発行を記載しないと「株券不発行会社」となります。「株券発行会社」にしたいのであれば定款で定める必要があります（会社法 214 条）。

法律		原則	例外
新	会社法	不発行	発行
旧	商法	発行	不発行

　しかしながら、会社法施行前は、株券不発行会社としていなければ、株券発行会社でした。株券不発行会社の登記がされていなければ、会社法施行時に法務局の職権で株券発行会社の登記がされました。会社法施行後、変更を行っていないことが多く、株券発行会社のままとなっているケースが目立ちます。

　株券発行会社では、譲渡するには譲渡契約に加えて株券の交付が必要です。中小企業では実際には株券を株主に発行していない会社が多数ありますので、発行してもらい交付しなければ株式譲渡の対抗要件が具備できません。

　その点、株券不発行会社の場合は、売主と買主の意思表示だけで株式譲渡の効力が生じます。その場合、株主かどうかは株主名簿で判断します。

　株式会社は株主名簿を作成する義務がありますが、中小企業では株主名簿が整備されていないことも多くあります。株主名簿には、株主の氏名と住所、株式の種類と株数、株式取得日、株券発行会社では株券番号が記載されます。

(3) 名義株

　中小企業では、名義株が多く存在します。名義株とは他人名義で所有している株式のことです。平成 2 年の商法改正前には、株式会社の発起設立には最低でも 7 名の発起人が必要であったため、友人や親戚の名義だけを借りて、自分で出資して株式会社を設立することが多くみられました。そのため、実際には出資していない方の名義株が多く存在するわけです。

　判例（昭和 42 年 11 月 17 日の最高裁判決）では出資をして名義を借りた人が真の株主と判断されました。名義株は、時間が経過すると記憶が不鮮明となり、名義株主から自分が払い込んだものと主張され、名義株主の相続を契機に配当や買い取りを要求してくるリスクが高まります。

仮に名義株を相手に渡していた場合には早急に回収しなければなりません。名義株については名義株主から「株主名簿の記載事項確認書」と「名義変更合意書」に、実印を捺印してもらい、できれば印鑑証明書を添付して名義株主と共同で名義変更申請すべきとされています。

(4) 株式譲渡制限と非公開会社

定款に株式譲渡制限の定めがあるか否かを基準として、全てが譲渡制限となっているものは非公開会社、1株でも譲渡できれば公開会社となってしまいます。譲渡制限を定めている会社は、定款に「譲渡には取締役会の承認を要する」と記載し登記するので登記事項証明書で確認できます。なお、上場会社以外の会社のほとんどは譲渡制限会社であるといわれます。

譲渡制限としても譲渡が禁止されるのではなく、第三者に譲渡したい場合には譲渡承認を請求でき、承認しない場合には買い取りを求めることができます。

(5) 株式の相続

株式は譲渡制限の定めを行っていても、相続時には相続人に承継されます。これは譲渡ではなく一般承継となります。

相続人が複数いる場合には株式の共同相続（民法898条）となりますが、当然には分割相続されず、相続人間の準共有（民法264条）となります。例えば90株を3人で相続した場合には、1人30株に分割されず、1人はあくまで3分の1を持ち、権利行使は共有者間の多数決となります。

ケース①で合意して分割すれば長男Aが過半数を維持できますが、②のケースで次男Bが三男Cと結託して相続株式についてこの共同して議決権行使すれば、90株の議決権を握ることができるので、次男Bが議決権の過半数を押さえて社長になることもできるわけです。

	持株		ケース①		ケース②	
	現在		相続	計	相続	計
母	90	45%				
長男A	80	40%	30	110	55%	0	80	40%
次男B	20	10%	30	50	25%	90	110	55%
三男C	10	5%	30	40	20%	0	10	5%
合計	200	100%	90	200	100%	90	200	100%

3．種類株式等

種類株式とは異なる種類の株式を指し、会社法108条1項に9種類が列挙され、会社法109条2項に規定する属人的株式を加えると10種類となります。

種類株式等一覧

	名称	議決権	自益権	譲渡取得	主な内容
1	剰余金の配当株式		○		優先又は劣後して配当を受け取る
2	残余財産の配当株式		○		優又は劣後して残余財産を受け取る
3	議決権制限株式	○			無議決権などの定めがされたもの
4	譲渡制限株式			○	株式譲渡について会社の承認を要する
5	取得請求権付株式			○	株主が株式取得を請求する権利がある
6	取得条項付株式			○	会社がその株式を取得する
7	全部取得条項付種類株式			○	会社が株式全部を強制的に取得する
8	拒否権付株式（黄金株）	○			重要事項を否決する
9	役員選任権付種類株式	○			種類株主総会で役員を選任解任できる
10	属人的株式	○	○		株主ごとにことなる取扱ができる

種類株式を発行するには定款に種類株式を発行する会社であると定めます。その定款変更には株主総会の特別決議が必要（会社法309条2項）であり、また、種類株式を発行するには、種類株式ごとに発行可能な総数や各種類株式の内容の登記が必要となります。

新規に発行する場合、種類株式の種類によっては、株主総会の特別決議に加えて、全株主の同意や特殊決議が必要となるものがあります。

既存の普通株式を種類株式に変更するには、全株主の同意が必要（事業承継ガイドライン p69）です。登記実務上、種類株主に変更せずに普通株主に留まる株主全員の合意が必要とする意見が多いのですが、一切の不利益を被らない場合には同意不要とする見解もあり、利用に際しては専門家の判断を仰ぐ必要があります。通常は新規に種類株式を発行するよりもハードルが高くなります。

(1) 議決権制限株式と配当優先株式の併用

社長の子息として長男と長女がおり、長男を後継者とする場合には長男に多くの株式を承継させるのが一般的です。相続に先立って議決権制限株式を発行し、後継者である長男には普通株式を、長女には議決権制限株式を取得させることで、長女の遺留分に配慮しつつ後継者に経営権を集中できます。

その際に長女に渡す株式を配当優先株式とします。長女が経営に関与しないの

であれば議決権よりも財産権の方が好まれるので不公平感が解消できます。

相続税評価額は、平成19年3月9日の国税庁「種類株式の評価について（情報）」によれば、配当優先株式は、類似業種比準方式においては配当が異なることから普通株式と配当優先株式を別個に計算すること、純資産価額方式では配当の有無は関係ないので従来通りの方法で計算するとされています。

無議決権株式では、同族株主が相続や遺贈で取得した場合には議決権の有無は考慮しないとされています。なお、一定の条件にあてはまる場合には評価額の5％を議決権付株式に加算し、無議決権株式では減算できる調整計算を行うことも選択できるとされています。

議決権制限株式は発行済株式総数の2分の1までとされていましたが、公開会社でない場合には、発行制限が撤廃されています（会社法115条）。したがって、議決権を1株だけ残し、残りは全て無議決権株式とすることも可能です。

なお、議決権制限株式（無議決権株式）のうち、一部の事項についてのみ議決権を行使できない株式は議決権総数に含める（財産基本通達188-5）ため、全ての事項について議決権を有しない完全無議決権株式とすることが重要です。

(2) 拒否権付株式による監視

株主総会の決議事項について拒否権を付与することで事業譲渡等の重大事項を拒否できます。「黄金株」と呼ばれ、1株だけしか保有していない場合でも、反対して阻止できます。

後継者に株式集中できていないときに後継者に拒否権付株式を取得させるケース、オーナー経営者が大部分の株式を息子である後継者に生前贈与するものの監視役として経営に睨みを利かすためにオーナー経営者が拒否権付株式を取得するケースなどが考えられます。

拒否権の内容を広範囲とすると日常的な会社の意思決定にまで影響するリスクがあるので、通常はM&A、代表取締役の選任解任等、会社にとって大きな影響のある事項を範囲とします。

デッドロックといわれる、どうどう巡りで経営がストップしてしまうリスクに留意する必要があります。株主総会で普通株主が事案を決議し、それに対して種類株主総会で否決します。それを受けて再び株主総会で可決、種類株主総会で否

決を繰り返すことでデッドロックが生じます。

　拒否権付株式が他人に渡ることを防ぐために、譲渡制限付にしますが、さらに、相続で他の相続人に承継されないように、拒否権付株式そのものが相続を理由に無効となるように定めておくことも必要です。

　なお、黄金株の相続税評価額は、平成19年3月9日の国税庁回答で普通株式と同様に評価されるとされています。

(3) 役員選任権付株式による実質支配

　役員を選任する権限があれば、実質的に会社をコントロールできます。黄金株はあくまで拒否できる権利ですが、これは役員選任を通じて実質的に強大な権限を得ることができます。

　もともとはアメリカで認められてきた種類株主単位で役員を選任する方法（クラス・ボーティング）であり、種類株主総会において取締役や監査役を選任することを内容としています。

　この種類株式は、合弁会社で取締役の選任権限を分担する場合に、それぞれが一定数の取締役を確保する目的として利用されます。

(4) 譲渡制限株式

　中小企業の多くは身内だけで事業を営む会社です。このような会社では好ましくない者の経営参加を阻止する必要があります。会社法では定款で定めることにより、譲渡制限株式を認めており、多くの中小企業が採用しています。

> （株式の譲渡制限）
> 第〇〇条　当会社の発行する株式の譲渡による取得については、取締役会の承認を受けなければならない。ただし、当会社の株主に譲渡する場合は、承認したものとみなす。

　なお、定款への記載により、発行する株式全部を譲渡制限とすることも、特定の株式だけに制限を付けることも可能です。

　旧商法では株式に譲渡制限を付す場合には、すべての株式を対象とすることが前提でしたので、譲渡制限株式は種類株式ではありませんでした。

　会社法では一部の株式に譲渡制限を付すことが認められました。その場合に譲渡制限のある株式と、譲渡制限のない株式という異なる株式が存在することにな

るため、譲渡制限株式は種類株式とされています。紛らわしいので一部の株式に譲渡制限が付いたものを、あえて譲渡制限種類株式と呼ぶこともあります。

(5) 属人的株式

旧有限会社法の制度を受け継いだもので、剰余金の配当、残余財産の分配、議決権に関して株主ごとに異なる取扱いができる制度で、種類株式に準じたものと位置づけられています。属人的株式（属人的定め）は、種類株式のような株式の内容ではないため、登記は求められていませんので外部からその内容を知られないというメリットがあります。

また、その人に関する属人的な定めであるので、相続によって他の人に承継されることもありません。黄金株のように他人の手に渡るリスクがないため、利用価値は高いものと想定されます。

定款変更手続きは旧有限会社法の社員総会における特別決議要件に準じて、総株主の半数以上の出席で、総議決権4分の3以上が必要となります。

	種類株式	属人的株式
定款	変更	変更
登記	必要	不要
株式承継	影響あり	影響なし

利用方法として以下のような内容を定款に定めることも可能です。

> （議決権）
> 第○○条　株主Aは、その有する株式1株あたり100個の議決権を有する。ただし、株主Aが医師の診断により認知症と診断された場合には、その議決権は1個とする。

中小企業庁の「事業承継ガイドライン」（平成28年12月）68頁に利用例があり、例えば株式の大半を後継者に生前贈与し、先代経営者は1株だけ保有する状態にして、先代経営者（株主A）には議決権を100個とするとしておき、さらに先代経営者（株主A）が医師の診断により認知症と診断された場合には議決権は1個となる旨を定めておけば、会社の意思決定に空白期間が生じることを防止できると記載されています。

4．少数株主への対応

(1) 全部取得条項付種類株式

平成 27 年の会社法改正で新たに設けられた種類株式です。株主総会の特別決議により、株式の全部を取得することができます。少数株主を排除することを「スクイーズ・アウト」と呼びます。

取得条項付株式は事前に取得事由と取得対価を定款に定める必要がありますが、この全部取得条項付種類株式では不要です。

なお、取得価格に不服がある場合には裁判所に決定の申し立てをすることができ（会社法 172 条）、株主が不利益を被る恐れがある場合には差止請求をすることもできます（会社法 171 条の 3）。

これは業績が悪く私的整理を行う際に 100%減資を行う手段として、買付を行った後に、残存する少数株主の株式を取得する目的で使用します。

事業承継では MBO（マネジメント・バイ・アウト）を行う際に利用されます。元の役員が設立した会社が、対象会社株式について公開買付を行い、ある程度の株式を取得したのちに公開買付に応じなかった株主から株式を取得するときに利用するわけです。

(2) 特別支配株主の株式等売渡請求

平成 27 年改正の新制度で、議決権の 90%以上を有する特別支配株主が他の株主全員に対して、株式全部の売渡を請求できる制度です（会社法 179 条）。少数株主を真正面から排除できる制度であり、これは「キャッシュ・アウト」とも呼ばれます。

全部取得条項付種類株式を利用するには、株主総会の特別決議を経て定款の変更をするなど手間がかかりました。この制度は手続きも簡単で税制面の問題も少ないといわれており、完全子会社する場合に利用できます。

また、株主との個別合意は不要とされます。株主総会も不要であり、手続開始から取得日まで最短で 1 カ月程度で行うことが可能となりました。

(3) 相続人等に対する売渡請求制度

譲渡制限が付いていても、相続時において株式は「一般承継」として譲渡制限の対象外とされてしまいます。この対応として会社法には売渡を請求して強制的に取得できる制度（会社法174条）があります。これは会社法160条の合意に基づく特定の株主からの取得制度とは違い、強制的に取得できる制度です。

① 利用するには、定款に予め定めておく必要があります。
② 取得の都度、株主総会の特別決議で売渡請求する株式数と所有者を定めます。なお、売渡請求を受ける株主は議決権を行使できません。
③ 売渡請求できるのは相続があったことを知った日から1年以内です。
④ 譲渡価格は会社と一般承継人の協議で決めますが、決まらない場合には売渡請求日から20日以内に裁判所に決定の申し立てができ、裁判所が決めた価格で買い取ることができます。申し立てをせず、当該期間内に譲渡価格の合意に至らない場合は、会社の売渡請求は効力を失います。

注意すべき点はすべての株主に適用されることです。売渡請求を行うには株主総会の開催が必要ですが、その株主総会において一般承継人（相続人）は決議に参加できません。長男が60％、次男が40％の株式を所有していた場合に、長男が死亡すると妻や子供といった相続人は決議に参加できません。仮に次男から売渡請求が出た場合には、会社の経営権が次男の手に渡ってしまいます。

この対策として、定款に売渡請求を盛り込む場合には長男の株式を除外することを併せて盛り込んでおくべきとされます。

定款の記載例
> （相続人等に対する売渡しの請求）
> 第●条　当会社は、相続その他の一般承継により当会社の株式を取得した者に対し、当該株式を当会社に売り渡すことを請求することができる。
> 　　　　ただし、株主■■の所有している株式については、この限りではない。

出所：三菱UFJリサーチ＆コンサルティング「よくわかる事業承継　改訂版」p65

なお、相続させる遺言によって「一般承継」した自社株式は売渡請求の対象になりますが、「遺贈」により取得した自社株式は贈与や売買と同じ「特定承継」であり、売渡請求の対象にはなりません。

第5章　自社株式の承継

１．承継の難しさ

　優良企業においては、自社株式の株価が高くなり、株式を承継するために相当な労力や資金が必要となります。

　自社株式承継が大変となる原因には以下のようなものがあります。

① 累進課税であること
　　相続時および贈与税は累進課税であり、優良企業であれば１株当たりの価値が高く、その承継をするには多額の納税が必要です。

② 世代交代による分散化
　　法定相続分で承継していくと、子供（兄弟）から孫（従弟）となるにしたがって、株式が分散し、心理的距離も遠く団結力が弱まります。

③ 分散は容易、集約化は困難
　　同族外への譲渡は配当還元方式となるので安く分散できますが、同族株主が買い戻す場合には原則的評価方式となり株価が高くなります。

④ 流動性がなく現金化できない
　　市場性がなく、価値はあっても現金化するのが難しくなります。なお、相続時であれば相続人等に対する売渡請求制度が利用できます。

⑤ 遺留分減殺請求の可能性
　　遺留分は、過去に行った贈与も含め、相続発生時の財産価値で計算するので、株価が上昇すると遺留分減殺請求のリスクが生じます。

　なお、平成30年度の事業承継税制の改正により、自社株式を後継者に移すことが容易になり、円滑な承継が期待できるようになります。

2. 課税種類と税率

大別すると、相続時まで待って行うか、生前贈与するか、あるいは譲渡によって対策を講じるかとなります。

相続の時期はあらかじめ特定できません。被相続人が死亡した後では、「遺産分割」について「争族」となるリスクが高まります。

生前贈与の場合、贈与税は受け取る側が負担します。贈与税は累進課税ですので一度に多額の贈与は難しくなります。

生前に譲渡をすることが一番確実ですが、譲渡側は譲渡所得税を支払う必要があります。個人株主が自社株式を譲渡する場合は譲渡益に対して20.315％（所得税15％、住民税5％、復興特別所得税0.315％）ですので、それほど高くはありませんが、問題は買受側の資金調達です。優良企業となると相当に纏まった資金が必要となります。

手段	相続	贈与	譲渡
税金	相続税	贈与税	譲渡所得税
時期	死亡時	生前	生前
納税者	相続する人	貰う人	譲渡する人
行為	遺言者が1人で行う	贈与する人と貰う人との契約	譲渡する人と買う人との契約
税率	累進課税	累進課税	約20％
長所	遺言者が単独でできる	すぐに承継できる	すぐに承継できる
短所	事前の対策が十分にできない	現経営者が支配権を失うリスク	譲受人が購入資金を用意する

相続税率

法定相続分に応ずる取得金額	税率	控除額
1,000万円以下	10％	―
3,000万円以下	15％	50万円
5,000万円以下	20％	200万円
1億円以下	30％	700万円
2億円以下	40％	1,700万円
3億円以下	45％	2,700万円
6億円以下	50％	4,200万円
6億円超	55％	7,200万円

贈与税率

基礎控除後の課税価格	一般税率 税率	一般税率 控除額	特例税率 税率	特例税率 控除額
200万円以下	10％	―	10％	―
300万円以下	15％	10万円	15％	10万円
400万円以下	20％	25万円	15％	10万円
600万円以下	30％	65万円	20％	30万円
1,000万円以下	40％	125万円	30％	90万円
1,500万円以下	45％	175万円	40％	190万円
3,000万円以下	50％	250万円	45％	265万円
4,500万円以下	55％	400万円	50％	415万円
4,500万円超	55％	400万円	55％	640万円

注：特例税率は、父母等の直系尊属からの贈与で、受贈者が20歳以上

3．暦年課税制度と相続時精算課税制度

	暦年課税制度	相続時精算課税制度
概要	暦年毎に、その年中に贈与された価額の合計に対して、贈与税を課税する制度	選択制により、贈与時に軽減された贈与税を納付し、相続時に相続税で精算する課税制度
贈与者	制限なし	60歳以上の直系尊属
受贈者		20歳以上の子・孫
選択の届出	不要	必要 (注)一度選択すると相続時まで継続適用
控除	基礎控除額（毎年）： 110万円	非課税枠： 2,500万円 (注)限度額まで複数年にわたり使用可
税率	基礎控除を超えた部分に対して、10%～55%の累進課税	非課税枠を超えた部分に対して、一律20%の税率
相続時精算	相続税とは切り離して計算 相続開始前3年以内の贈与は相続財産に加算	相続時の計算時に精算（加算） なお、贈与財産は贈与時の時価で評価

(1) 暦年課税制度

　暦年課税制度は、最もよく利用されている手法で、少しずつ後継者に贈与するときに利用されます。暦年毎に 110 万円の基礎控除があります。純資産が 1 億円程度であれば、暦年課税制度を利用することで後継者に株式を移転することが可能です。

　例えば、200 万円を贈与すれば、贈与税は 9 万円＝（200 万円－110 万円）×10%で済みます。父親から母親と長男に毎年 200 万円ずつ贈与すれば 10 年間で 4,000 万円となります。残りは譲渡するか、配偶者が相続時に 1 億 6,000 万円までの税額軽減を使用するか、会社の剰余金が十分にあれば自己株式の購入という手段もあります。

　なお、毎年同額の贈与とすると、事前に贈与金額を定めてそれを分割して贈与したとみられ、「連年贈与」の問題に抵触するリスクがあります。

　また、毎年 110 万円を贈与するのであれば、贈与契約は勿論のこと、受贈者の口座にきちんと入金され、それを受贈者が管理していることが必要です。

　贈与する金額のみを受け入れる口座を作るのは避けるべきです。贈与者が管理する「みなし預金」と判定される可能性が高くなります。

(2) 相続時精算課税制度

　相続時精算課税制度は親から子供に贈与する場合には低い税率で課税し、自社株式等の資産移転を促進させる制度です。相続時には、贈与した自社株式等は相続財産に含めて計算され、既に払った贈与税は相続税から差し引かれます。

　相続時精算課税制度では2,500万円までの非課税額があり、残りも一律20％の課税で贈与できます。名前が示すように相続時に再計算されますので、相続税が少なくなるという性格のものでありませんが、贈与時の時価で計算されますので、贈与時よりも株価が上昇していれば、結果的に節税にはなります。

　相続時精算課税制度は選択制となっています。受贈者は相続時精算課税制度を使うか従来の暦年課税によるかの選択ができます。ただし、一度でも相続時精算課税制度を選択した場合には、その贈与者からの贈与はずっと相続時精算課税制度となります。これは贈与者単位で考えるので、例えば父親からは相続時精算課税、母親からの贈与は暦年課税の適用を受けることもできます。

　平成29年度税制改正において、事業承継税制（相続税・贈与税の納税猶予制度）との併用ができるようになりました。仮に納税猶予が取消になったとしても、暦年課税の高額な贈与税を一括納付する必要がなくなりました。

　平成30年度の税制改正では、事業承継税制の改正に合わせて適用対象者が拡大されます。改正前は60歳以上の父母や祖父母から20歳以上の子や孫への贈与が対象でしたが、現行制度に加えて、事業承継税制の適用を受ける場合には、60歳以上の贈与者から20歳以上の後継者への贈与を相続時精算課税制度の対象とされましたので、贈与者の子や孫でない場合も適用可能となりました。

4．経営承継円滑化法（事業承継税制）

経営承継円滑化法（中小企業における経営の承継の円滑化に関する法律）は平成20年5月に成立しました。中小企業の株式は流動性もなく外部に売却できないことが多いのですが、相続税法上の資産価値は高く、そのために多額の相続税が発生し、円滑な事業承継ができないという問題があり、この解決策としてできた税制です。この税制は次の3本柱から構成されています。

このうち事業承継税制と金融支援に係る認定・確認窓口は平成29年4月から都道府県に移譲され、事務的にも利用しやすくなっています。

	3本柱	内容
①	事業承継税制	相続税と贈与税の納税猶予および免除
②	遺留分の民法特例	遺留分計算に関する特例
③	金融支援	事業承継時の資金調達支援

対象となるのは、中小企業基本法で定められた中小企業が基本ですが、ゴム製品製造業、ソフトウェア・情報処理サービス業、旅館業については、範囲が緩和されています。

中小企業基本法上の定義

産業区分	資本金		従業員数
製造業その他	3億円以下	又は	300人以下
卸売業	1億円以下	又は	100人以下
小売業	5千万円以下	又は	50人以下
サービス業	5千万円以下	又は	100人以下

(1) 事業承継税制

後継者が自社株式を先代経営者から相続や贈与により取得した場合に、一定の要件を満たせば、贈与税や相続税が猶予または免除される制度です。

① 初代経営者から後継者（2代目）に贈与すると贈与税が猶予
② 初代経営者が死亡したときに猶予されていた贈与税が免除。その際に切替確認をすれば相続税が猶予
③ 2代目経営者が、3代目に贈与すれば贈与税が猶予
④ 3代目経営者が死亡したときは猶予されていた贈与税が免除。その際に切替確認をすれば相続税が猶予

相続税が先送りになるので、完全な免除制度ではなく、あくまで猶予制度ですが、長期にわたって世代交代を進めるのに有効です。

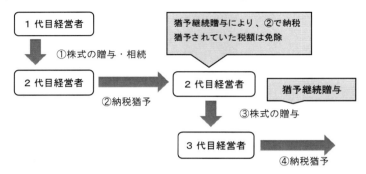

出所：中小企業庁「中小企業経営承継円滑化法申請マニュアル」平成29年4月施行p6

①現行の制度
（ア）贈与税の納税猶予制度

後継者が贈与により取得した株式に係る贈与税の 100％が猶予されます。贈与前から保有していた株式を含めて総数の3分の2が上限とされます。

経営承継円滑化法に基づく都道府県知事の「認定」を受け、報告期間中（5年）は8割の雇用を維持する必要があり、その後は後継者が継続保有することが求められます。

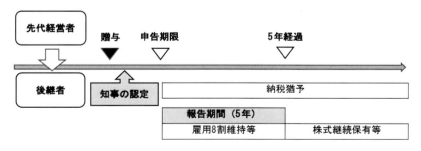

（イ）相続税の納税猶予制度

　後継者が相続又は遺贈取得した株式に係る相続税の80％が猶予されます。相続前から後継者が保有していた株式を含めて総数の3分の2が上限とされます。

　適用を受けるには経営承継円滑化法に基づく都道府県知事の「認定」を受けたのち、報告期間中（5年）は8割の雇用を維持する必要があり、その後は後継者が継続保有することが求められます。

　仕組みは、贈与税と本質的には同じです。

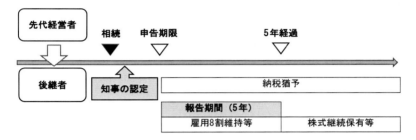

（ウ）贈与税の納税猶予中に贈与者が死亡した場合

　先代経営者（贈与者）が死亡した場合、猶予されていた贈与税が免除されますが、贈与株式は相続により取得したとみなされ相続税が課税されます。課税は死亡時ではなく、贈与時の価額で計算されます。

　その際に、都道府県知事の確認（切替確認）を受けることで、今度は相続税の納税が猶予されることになります。早めに贈与すれば株式承継が進み、かつ死亡時に切替確認することで相続税の納税猶予制度への実質的な移行ができるわけです。切替確認は「確認」であって「認定」ではありませんので、5年間の事業継続要件は認定後には必要ありません。

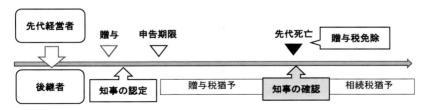

（エ）贈与税の納税猶予制度と相続税の納税猶予制度の比較

			贈与税の納税猶予制度の認定要件	相続税の納税猶予制度の認定要件
①	先代経営者の要件	a	会社代表者であったこと	会社代表者であったこと
		b	贈与の直前において、先代経営者と同族関係者（親族等）で発行済議決権株式総数の50％超の株式を保有し、かつ、同族内（後継者を除く）で筆頭株主であったこと	相続の開始の直前において、先代経営者と同族関係者（親族等）で発行済議決権株式総数の50％超の株式を保有し、かつ、同族内（後継者を除く）で筆頭株主であったこと　等
		c	贈与時までに、代表者を退任すること（有給役員として残ることは可能）	
		d	一定数以上の株式を一括して贈与すること　等	
②	後継者の要件	a	会社の代表者であること	相続開始の直前において対象会社の役員（先代経営者の親族外の方も適用）であること
		b	贈与後、後継者と同族関係者（親族等）で発行済議決権株式総数の50％超の株式を保有し、かつ、同族内で筆頭株主となること	相続の開始後、後継者と同族関係者（親族等）で発行済議決権株式総数の50％超の株式を保有し、かつ、同族内で筆頭株主となること　等
		c	20歳以上、かつ役員就任から3年以上経過していること	
③	対象会社要件	a	中小企業であること	中小企業であること
		b	上場会社、風俗営業会社に該当しないこと	上場会社、風俗営業会社に該当しないこと
		c	資産保有型会社等（自ら使用していない不動産等が70％以上ある会社やこれらの特定の資産の運用収入が75％以上の会社）ではないこと※ただし、一定の事業実態（従業員数、店舗事務所の有無、事業内容等）がある場合には、資産保有型会社等には該当しないものとみなされます。	資産保有型会社等（自ら使用していない不動産等が70％以上ある会社やこれらの特定の資産の運用収入が75％以上の会社）ではないこと※ただし、一定の事業実態（従業員数、店舗事務所の有無、事業内容等）がある場合には、資産保有型会社等には該当しないものとみなされます。
④	事業継続要件		要件	5年間	5年経過後		5年間	5年経過後
		a	後継者が会社の代表者であること	○		後継者が会社の代表者であること	○	
		b	従業員数の8割以上を5年間平均で維持すること	○		雇用の8割以上を5年間平均で維持すること	○	
		c	後継者が同族内で筆頭株主であること	○		後継者が同族内で筆頭株主であること	○	
		d	上場会社、風俗営業会社に該当しないこと	○		上場会社、風俗営業会社に該当しないこと	○	
		e	猶予対象となった株式を継続保有していること	○	○	猶予対象となった株式を継続保有していること	○	○
		f	資産保有型会社等に該当しないこと	○	○	資産保有型会社等に該当しないこと	○	○

出所：中小企業庁「中小企業経営承継円滑化法申請マニュアル」平成29年4月施行 p.10,18

　贈与税の認定要件のうち、先代経営者の要件として代表者退任とありますが、あくまで代表取締役を退任するだけで、取締役として留まることは可能です。

　受贈者要件では役員就任3年以上が条件です。役員とは取締役、会計参与、監査役のことです。3年とは継続して3年であることを要します。中抜けを含めてトータルで3年ではありません。

(オ) 贈与税納税猶予取消時の負担軽減措置

従来、贈与税の納税猶予の適用を受けても、認定が取り消された場合には高額の贈与税負担が発生するリスクがあり、そのために制度利用を躊躇される経営者が多くみられました。

平成29年度の税制改正で相続時精算課税制度との併用を認めることとなり、リスクの軽減を図ることができます。

> 事例　先代経営者は株式全体の3分の2(2億円)を保有しており、後継者に全株を移転。その他の資産はない。
> 　　　相続人は後継者1名のみとする。

① 相続により自社株式を取得

② 贈与税の納税猶予を取り消された場合 (従前の制度)

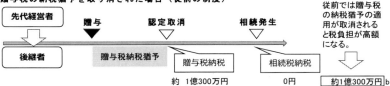

③ 贈与税の納税猶予を取り消された場合 (相続時精算課税制度との併用)

納税額
- a　(2億円−基礎控除3,600万円)×税率40%−控除額1,700万円＝4,860万円
- b　直系尊属：(2億円−基礎控除110万円)×贈与税率55%−控除640万円≒1億300万円
- c　2億円−特別控除2,500万円×相続時精算課税制度の贈与税率一律20%＝3,500万円
- d　相続発生時には贈与された財産を相続財産に加えて相続税額を計算し、既に支払った贈与税3,500万円を引く

注　事例は経済産業省「平成29年度 経済産業関係 税制改正について」p30

（カ）留意事項

a 一括贈与

　　贈与する際には一定数以上の株式を一括して贈与する必要があります。基本的な考え方は、後継者が3分の2に達するまでの贈与を行うことを念頭においています。

b 黄金株

　　拒否権付株式（黄金株）を発行している場合には、後継者（経営承継受贈者）以外の者が有していないことが必要となります。

c 資産保有会社等

　　資産管理会社は原則として納税猶予の適用を受けられません。

　　具体的には、不動産管理会社等の「資産保有型会社」で、資産総額に占める特定資産の割合が70％以上の場合や、持株会社等の「資産運用型会社」で総収入に占める特定資産の運用収入が75％以上の場合が該当します。

　　ただし、常時使用従業員5人以上などの要件を満たせば適用を受けることができます。（経営承継円滑化法施行規則1条12項）

②平成30年度改正

（ア）改正の背景

　認定件数は平成20年10月から28年8月までの間で、相続は959件、贈与は626件と利用が少ない状況でした。

　この法律の利用が進まない原因の1つが事業継続要件の中の雇用維持要件の存在です。5年間という期間中、平均して当初の8割の従業員を雇用する必要があります。中小企業においては承継後に環境変化や業績変動で従業員が退職するリスクも高く、8割要件がネックとなっていました。

（イ）時限立法

　このため、平成30年度の税制改正大綱で大幅な緩和が盛り込まれ、平成30年4月から適用開始となります。

　既存の事業承継税制が廃止となるのではなく、その上に時限立法として要件緩

和措置が施される規定ですので、例えば申請が間に合わない等の要件未達の場合には、既存の事業承継税制が適用となります。

平成30年4月の事業承継税制改正は10年間の時限立法として実施されるもので、現行の枠組みと並行して2本立てで制度が走ることになります。

特例措置（10年間の時限立法）
事業承継税制　平成20年10月施行

(ウ) 緩和措置の概要

		改正前	改正後
①	猶予納税株式数の上限	3分の2まで	すべての株式
②	納税猶予される税額	贈与税の100% 相続税の80%	贈与税の100% 相続税の100%
③	先代経営者の要件	代表権を有していた先代経営者1人	親族外を含む複数の者からの贈与も適用
④	後継者の要件	代表権を有する後継者1人	代表権を有する後継者で最大3人
⑤	納税猶予期間中の譲渡・廃業等	贈与・相続時の株価を基にして納付額を計算	要件を満たせば譲渡時の株価で再計算し、売却・廃業時の株価で納税額を再計算
⑥	雇用確保要件	5年間平均で80%を維持	平均80%を下回っても、理由報告により猶予が継続可能
⑦	相続時精算課税制度の適用対象者	贈与者の直系卑属	贈与者の子や孫でない場合でも適用可能

資料：平成29年12月　経済産業省「平成30年度　経済産業関係　税制改正について」を基に作成

猶予割合に関して、改正前では納税猶予株式数は議決権の3分の2で、相続税であれば80%、トータルでは54%（67%×80%）までしか対象とならなかったのですが、今回の改正で100%対象となりました。

経営者交代要件は、経営者1人から後継者1人でしたが、複数から複数となり先代経営者や同族関係者は勿論のこと第三者からの贈与でも対象になります。後継者は最大3人まで可能となりました（次頁図表参照）。その場合には、議決権割合10%以上を有し、かつ、議決権保有割合上位3位までの同族関係者に限るとされています。

期間中の譲渡や廃業に関しては、経営環境悪化を示す要件（赤字、売上減等）を満たす場合において、事業承継時の価額と比べて株価が下落している場合には譲渡や廃業時の株価を基に納税額を再計算することになりました。

雇用確保要件は、理由報告と、認定支援機関の指導や助言を受ける必要があり

ますが実質的には適用中断となっています。

　適用時期は、平成30年1月1日から平成39年12月31日までの間に贈与等に係る贈与税または相続税について適用されます。10年以内に相続開始となるとは限らないので、新制度は贈与税の納税猶予から開始すべきです。

　適用を受けるに当たっては、平成30年4月1日か5年以内に、認定経営革新等支援機関の指導及び助言を受けて作成した「特例承認計画」を提出し、認定を受ける必要があります。

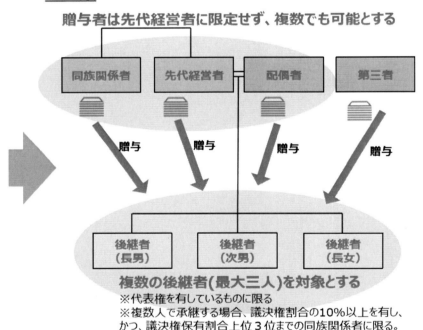

資料：平成29年12月　経済産業省「平成30年度　経済産業関係　税制改正について」p24

(2) 遺留分の民法特例

後継者が先代経営者から贈与等により取得した自社株式に関して、「除外合意」と「固定合意」という制度が設けられています。後継者が承継後に努力して自社株式の価値をアップさせると、相続時の基礎財産は上がり、遺留分も法定相続割合に従って上昇しますので、この対策にもなります。

この制度の認定件数は平成28年8月末時点で122件となっています。

①固定合意

遺留分を算定する際に、生前贈与した株式の価値を合意時の評価額で固定できる制度です。特例の適用には推定相続人全員との合意内容について家庭裁判所の許可を受けることで評価額を予め固定することができます。

②除外合意

後継者に贈与等した自社株式は、民法上の特別利益として遺留分算定の際には基礎財産に算入されます。除外合意とは贈与等により取得した自社株式を遺留分算定の基礎財産から除外する制度です。

固定合意は遺留分計算の上で合意した価格で固定するものですが、除外合意は遺留分計算の基になる基礎財産から除くという制度となります。

単位:万円

資産		基礎財産 a	価値上昇 b	固定合意 c	除外合意 d
自社株式	長男に生前贈与	8,000	16,000	8,000	0
不動産		12,000	12,000	12,000	12,000
合計		20,000	28,000	20,000	12,000
遺留分					
配偶者		5,000	7,000	5,000	3,000
長男	後継者	2,500	3,500	2,500	1,500
長女		2,500	3,500	2,500	1,500

a 例えば経営者（父親）基礎財産が2億円とします。相続人は配偶者、長男、長女であれば長女の遺留分は2,500万円（法定相続分の半分）です。

b 後継者の努力で自社株式の評価が8,000万円から1億6,000万円に倍増した場合に、長女の遺留分も3,500万円に上昇します。

c　固定合意を利用し、生前贈与した価格8,000万円で合意すれば、長女の遺留分は2,500万円のままです。
　d　除外合意で、自社株式を除外すれば長女の遺留分は1,500万円となります。

(3) 金融支援措置

　小規模企業では中規模企業よりも金融機関からの借入は難しいこともあり、金融支援制度が創設されました。これを利用するためには、都道府県知事の認定を受ける必要があります。
　平成28年8月末現在における認定件数は119件となります。

①中小企業信用保険法の拡充

　会社の資金需要に対応するものとして、中小企業信用保険法の特例が認められ、通常の信用保険枠の他に別枠が設けられています。
　資金使途は自社株式、事業用資産の買取り資金、一定期間の運転資金です。

	通常枠	拡大枠
普通保険	2億円	2億円
無担保保険	8,000万円	8,000万円
特別小口保険	1,250万円	1,250万円

②日本政策金融公庫等の特例

　後継者個人に対する資金需要として、日本政策金融公庫等による特例があります。代表者個人に対して、自社株式や事業用資産の買取り資金、相続税や遺留分減殺請求への対応資金等の資金調達を支援するとしています。
　金利も通常の基準金利ではなく特別利率が適用されます。

③信用保証協会の特定経営承継関連保証

　平成30年4月から開始されます。事業承継に伴い、事業活動の継続に支障が生じているとして、経済産業大臣の認定を受けた中小企業者の代表者個人を対象に、株式取得資金、事業用資産の買取資金、納税資金等を融資します。
　保証限度額は2.8億円、保証割合は80%。保証人は中小企業者となります。

5．自己株式

(1) 自己株式

　株式会社が所有する自社株式で、金庫に保管しておくので「金庫株」といわれます。自己株式は出資の払い戻しとなる恐れがあることから手続きは厳格であり、基本的には株主総会の決議が必要です。

　自己株式を取得する方法としては、「ミニ公開買付」といわれる全ての株主からの取得（会社法156条）、特定の株主からの取得（会社法160条）、譲渡承認請求の不承認による取得（会社法140条）、相続人等に対する売渡請求に基づく取得（会社法174条）などがあります。

　この中で留意すべきは、特定の株主からの取得です。特定の株主から取得する際には、他の株主に対して売主追加請求権を行使できる旨を通知しなければなりませんが、高い株価であると他の株主からの追加請求があります。

　自己株式は会社が譲渡や償却等の処分をするまでは会社として保有し、貸借対照表では純資産の部に△（マイナス）で表示されています。

　自己株式には議決権は認めないほか、剰余金の配当なども認められません。

(2) 分配可能額

　自己株式の取得は会社財産の払い戻しと考えられるので、剰余金の配当の際の財源規制と同じとなっています（会社法461条）。計算は複雑ですが、概ね、会社法上の純資産である資本金、準備金、剰余金区分の中の剰余金から自己株式を引いた金額が該当します。

　会計上では「その他資本剰余金」と「その他利益剰余金」の合計から「自己株式」を引いて求めます。

(3) みなし配当と相続時の例外規定

　会社財産を株主に払い戻す行為のため、税務上は一種の配当と同様にみなされ、自社株式を売却した者に、みなし配当として配当課税が生じます。みなし配当は配当所得として総合課税されますが、総合課税では配当所得と他の所得が合算され超過累進税率が適用されるため税負担が重くなります。

　また、資本金等の差額と取得原価との差額で、株式譲渡益になる場合には、他

の所得と切り離して申告分離課税となります。

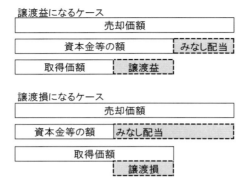

出所：日本公認会計士協会「事業承継支援マニュアル」p162を基に作成

　相続人にとっては、相続発生から3年10カ月以内（申告期限の翌日から3年以内）であれば、「みなし配当課税の例外特例」により、みなし配当課税ではなく、一般の譲渡所得（20.315％）として自社株式を会社に売却できますので相続税の資金を手当てする上で活用できます。

　その際は、譲渡所得の取得費加算の特例（租税特別措置法39条）が適用できますので、税負担が軽くなります。

$$取得費加算 = 相続人の相続税 \times \frac{自社株式の相続税評価額}{相続人の相続税の計算基礎となった課税価格}$$

(4) 自社株式の譲渡価額

　会社側は、自社株式を自社で購入する場合には自己株式として資本取引になるので、原則として課税関係は生じません。

　これに対して、個人が会社側に譲渡する場合には所得税が課税されます。

　個人が会社に時価を著しく上回る価格で売却した場合には、高く買った会社が個人に対して時価を上回る部分の賞与を支給したとみなされ、その賞与部分に対して所得税が課されます。

　その一方、個人が会社に時価よりも著しく安い価格で売却した場合には、みな

し譲渡（所得税法 59 条）の規定が適用され、実際の安い売却価格ではなく、所得税法の時価を基に計算した売却益に対して、所得税が課されます。

所得税法上の時価は、所得税基本通達 23～35 共－9 と所得税基本通達 59－6 に規定されています。相続や贈与では財産評価基本通達により相続税評価額ですが、所得税法上は相続税評価額を基準とするものの、譲渡する株主が同族株主（中心的な同族株主）かどうかで、大きく異なります。

(5) 個人間の自社株式売買

個人間売買の場合の時価

売手	買手	相続税評価額	利用例
同族株主等	同族株主等	原則的評価方式	オーナー経営者から子へ
同族株主等	少数株主	特例的評価方式（配当還元額）	オーナー経営者から従業員へ
少数株主	同族株主等	原則的評価方式	従業員からオーナー家
少数株主	少数株主	特例的評価方式（配当還元額）	従業員間

出所：中村廉平編「中小企業の事業承継」有斐閣 p284

個人間の売買時価においては、売手と買手が同族株主等か少数株主かによって、基本となる相続税評価額が異なります（評価方式は第 7 章 2 相続税法上の株式評価参照）。

オーナー経営者から従業員や持株会に譲渡するとき、あるいは従業員間の売買は配当還元方式となり、株価が低くなります。

これに対して、同族株主が買手の場合には原則的評価方式が採用されます。オーナー経営者が従業員に売却するときは低い株価ですが、従業員から買う時は高い原則的評価方式となります。

6．従業員持株会
(1) 制度設計

従業員持株会は法人格を持たない民法 667 条に基づく「民法上の組合」とすることで、法人税は非課税となり、配当金は持株会会員の配当所得となります。

配当金は理事長あてに一括して支払われ、各会員個人に対する配当所得となります。配当取得には 20.42％の所得税が課税されますが、年間 10 万円以下では申告不要となります。退会時の譲渡所得は 20.315％の申告分離課税となりますが、通常は持株会への拠出金額が取得金額ですので、譲渡益は生じません。

持株会が株主となり、加入した従業員は持株会の理事長に信託し、理事長が会員を代表して議決権の行使をします。理事長名義で一括してなされる管理信託で、これは議決権の行使等の管理だけを行うことを目的とした信託です。

制度設計に際しては日本証券業協会の「持株制度に関するガイドライン」が参考になります。

	会社側	従業員側
メリット	オーナーの相続対策として役立つ	銀行預金よりも有利な財産形成ができる
	株主からの買取要請の受け皿となる	会社の経営状態を知ることができる
	安定株主として活用できる	議決権行使を通じて経営に参画できる
	経営参加意識が高まる	
	従業員の福利厚生策となる	
デメリット	高配当の維持が求められる	倒産した場合には株式価値はなくなる
	決算状況の開示が必要となる	退職時以外は株式の現金化ができない
	管理運営コストがかかる	

メリットとしては、オーナーが持株会に安い配当還元価額で譲渡でき、事業承継上の安定株主をつくること、相続税対策にもなることがあげられます。このほか、従業員の参画意識やモチベーションを高めることも期待できます。

デメリットは、換金性に乏しいために、ある程度の配当を出すことが求められること、決算状況の開示が必要になること、オーナー経営者が買い戻す場合には株価が高くなりやすい原則的評価方法で買い戻しをする必要があることです。

(2) 留意点

運営上の留意点としては、従業員が退職する際の買い取りルールを決めておくことが重要です。通常は取得価額で買い取る例が多いようです。

ただし、多額の剰余金がありながら配当を行っていないようなケースでは、問題があると指摘される可能性もあるので注意が必要です。

第6章　承継の技法

1．信託の利用

「委託者」は、財産を自分で管理運用せずに、契約または遺言によって「受託者」に委ねます。この時に、信託する財産の管理運用によって利益を受ける者を定めます。この利益を受ける者が「受益者」となります。

財産を「受託者」に委託すると、「受託者」の名義に移転します。これが信託の特徴で、代理や委任と大きく異なる点です。

なお、信託によって受け入れた財産は信託財産と呼ばれます。

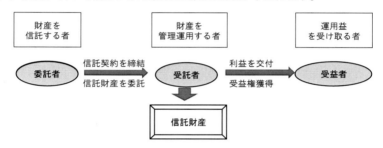

(1) 信託の種類

①　商事信託と民事信託

商事信託と民事信託に分けられます。商事信託は許認可を受けた信託銀行等が行なうものです。業とするので「信託業法」が適用されます。

民事信託は営利目的ではなく一度限り引き受ける信託です。この場合には「信託業法」は適用されず、「信託法」のみ適用となります。

家族信託は、民事信託のうち家族間で行うものです。事業承継では家族の中で信頼のおける人物を受託者にしますが、家族間で争いがあるような場合には、弁護士や同族会社等を受託者にすることがよいとされます。

規模が大きくて税務が絡んだものでは、コストは高くなりますが、商事信託として信託会社等の専門業者に依頼したほうが安心です。

② 自益信託と他益信託

自益信託とは、委託者＝受益者となる信託です。経済的にみれば損益の変動はないので課税は生じません。他益信託は、委託者≠受益者となる信託で、他者に経済的利益が移動しますので課税が発生し、基本的には受益者に課税されます。

③ 信託の機能

信託の主な機能としては以下のようなものがあります。なお、信託そのものは節税効果があるというものではありません。

機能	内容
財産管理機能	委託者が死亡しても相続人が財産を取得することはない。委託者の意志が優先される。
財産分離機能	委託者が死亡しても、信託期間が終了するまでは信託財産から得られる受益権を取得する。
債権分解機能	委託者の所有権を名義所有者と信託受益権に分解することができる。
倒産隔離機能	信託財産は受託者の名義となるが、分別管理され、受託者が倒産しても債権者から強制執行できない。

(2) 事業承継における利用

改正信託法が平成 19 年 9 月 30 日に施行されました。平成 20 年 9 月に信託を活用した中小企業の事業承継円滑化に関する研究会が出した「中間整理」の中で事業承継において活用可能な信託類型として、遺言代用信託、他益信託、後継ぎ遺贈型受益者連続信託が示されています。

これらは、事業承継の確実性や円滑性、後継者の地位安定、議決権の分散防止、財産管理の安定などで使用するメリットがあります。

① 遺言代用信託

社長（父）が生前に、自社株式を対象に信託設定し、自らを当初受益者とし、社長死亡時には後継者（長男）が受益権を取得する旨を定めるものです。

	社長生存中	社長死亡後
受益者	社長A	後継者B
議決権行使の指図権者	社長A	後継者B

特徴としては以下の点があげられます。
① 社長の生存中は経営権を維持する。死亡時には後継者に確実に取得する。
② 受託者が株主として管理するので、財産が処分されるリスクを防止できる。
③ 後継者は相続開始と同時に、受益者となるので、経営上の空白は生じない。
④ 遺言と異なり、財産の生前処分となるので「契約」で済み、厳格な民法上の規定や家庭裁判所の手続きも不要で使い勝手が良い。

	遺言代用信託	遺言
後継者の地位安定	社長たる委託者が受益者を変更する権利を有しない旨を定めれば、後継者の地位が安定する。	後継者に自社株式を相続させる旨の遺言を作成していても、撤回でき後継者の地位が安定しない。
事業承継の円滑性	社長死亡時には、後継者が当然に受益権を取得するので、円滑な承継ができる。	遺言の執行にはある程度の期間が必要であり、経営に空白の期間が生じるおそれがある。

出所：平成20年の信託を活用した中小企業の事業承継円滑化に関する研究会「中間整理」p4

なお、「遺言信託」と混同しやすいのですが、こちらは信託銀行等の提供する商品で、遺言作成や、保管や執行等を行うサービス商品名のことです。

② **遺言代用信託（財産権の分割と議決権の集中）**

前記スキームの応用型として、受益権は長男Bに50％、長女Cに50％に分割し、議決権は後継者である長男Bに集中させることも可能となります。自社株式の価値が高い場合に、長女Cの遺留分を考慮して財産権を分ける方法です。

	社長生存中	社長死亡後
受益者	社長A	長男B　50％ 長女C　50％
議決権行使の指図権者	社長A	長男B 100％

非公開会社においては、議決権について株主ごとの異なる取扱い（いわゆる属人的定め）を定めることが認められており、剰余金配当請求権等の財産権と議決権を分離することも許容されているため、複数の受益権のうち特定の者に議決権行使の指図権を集中させても会社法上の問題は生じないと解されています。

所得税法上、受益者が複数いる場合には信託財産に帰せられる収益および費用がそれぞれの受益者が有する権利の内容に応じるとされ、議決権は財産としての評価は計りえないため、議決権は評価ゼロとなります。

③　他益信託

社長（委託者）が生前に、自社株式を信託し、後継者（長男 B）を受益者として定めるものです。

	社長生存中	社長死亡後
受益者	長男B	信託が終了し、Bが議決権を行使する
議決権行使の指図権者	社長A	

特徴としては以下の点があげられます。

① 社長 A が議決権行使の指図権を保持することで、社長が引き続き経営権を維持しますが、自社株式の財産権は後継者となる長男 B が取得できます。
② 信託契約において、社長死亡時に後継者に株式を交付することを定めておくことで、後継者（長男 B）の地位が確立します。
③ 信託終了時を、信託設定から 5 年間経過時、あるいは社長死亡時など、社長の意向に沿った柔軟なスキームが構築できます。
④ 種類株式を利用すれば信託と同様な効果が得られますが、信託スキームには多くの利点があります。

	信託	種類株式
手続面	契約当事者間の契約手続きのみで済む。	特別決議や特殊決議等が必要。既存株式の種類を変更するには全株式の同意が必要となる。
意思決定	積極的に会社の意思決定することができる。	拒否権付株式を発行すると、デッドロック（※）に陥るおそれがある。
相続発生時	委託者が死亡しても信託契約は継続する。	遺言による後継者への拒否権付株式を、後継者以外が取得しないような手当が不可欠となる。
費用面	受託者（信託銀行等）に報酬（契約時手数料や毎年の管理費用等）を支払う必要がある。	新規に種類株式を発行する場合には新株引受の資金が必要となる。

（※）デッドロックとは拒否権付株式の所有者と多数派株主との間で意見が対立し、拒否権の行使で会社の意思決定ができず、経営がストップすることを言います。
出所：平成20年の信託を活用した中小企業の事業承継円滑化に関する研究会「中間整理」p6

④　後継ぎ遺贈型受益者連続信託

社長 A が自社株式を信託し、後継者を受益者と定めつつ、後継者の死亡後は、次の後継者が新たに受益権を取得するものです。

	社長生存中	社長死亡後	B死亡後
受益者	社長A	長男B　50% 次男C　50%	次男の子D 100%
議決権行使の指図権者	社長A	長男B 100%	次男の子D 100%

例えば、長男 B を後継者とするが、長男 B 死亡後は次男の子 D（社長 A の孫）に取得させるものです。遺言では無効となりますが、信託契約であれば次の次まで決めることが可能となります。

この受益権の評価は、相続発生時の信託財産の相続税評価額によりますし、被相続人の一親等の血族・配偶者以外の場合には、相続税の 2 割加算もありますので、節税効果があるというものではありません。

連続型では信託期間が長くなることもあり、受託者は個人よりも同族会社が適しています。期間は委託者の意思で 30 年先まで指定できます。信託期間は信託設定から 30 年を経過した時点以後に、新たに受益権を取得した受益者が死亡するまで、または当該受益権が消滅するまでとなります（信託法 91 条）。

(3)　信託の課税関係

信託では基本的に受益者に課税されます。したがって、委託者本人が受益者となる場合には、実質的な価値の移転がないため贈与税等は課税されません。

税務上は、適正な対価を負担せずに受益者となった者は、受益権を贈与又は遺贈により取得したとみなして贈与税や相続税が課税されます。

受益者の存しない信託が設定される場合には、受託者が納税義務者となるほか、租税回避行為に対応するため、一定の場合には相続税や贈与税が課税される措置が講じられています。

信託は節税のための制度ではありません。節税目的で利用すると思わぬ課税がされるリスクがあります。

2．生命保険の活用

(1) 個人契約

生命保険は契約者、被保険者、受取人の違いにより課税される税金が異なります。父親が契約者かつ被保険者で、子供を受取人にした場合、死亡保険金には相続税が、満期保険金には贈与税が課されることになります。

契約者と受取人が同じ場合は所得税が、契約者、被保険者、受取人の三者が別々であれば贈与税がかかります。

	契約者	被保険者	受取人	課税	備考
死亡保険金	父親	父親	子供	相続税	契約者＝被保険者
	父親	母親	父親	所得税	契約者＝受取人
	父親	母親	子供	贈与税	三者別々
満期保険金	父親	母親	父親	所得税	契約者＝受取人
	父親	父親	子供	贈与税	契約者≠受取人

一番上に示した、父親が契約者かつ被保険者で、受取人が子供となるケースでは相続財産になります。この場合に受取人が法定相続人であるため、非課税枠（500万円×法定相続人数）の適用を受けることができます。

(2) 法人契約

契約者が会社で被保険者を社長とし、受取人を会社とする法人契約に関しては保険種類によって保険料の処理が異なります。

	保険種類	契約者	被保険者	受取人	保険料の処理
①	定期保険	会社	社長	会社	全額損金計上
②	終身保険	会社	社長	会社	全額資産計上
③	長期平準定期保険	会社	社長	会社	50％損金計上

① 定期保険

定期保険はいざという時のために死亡保障を目的とする掛捨型の保険です。満期保険金はないので全額損金計上できます。保険期間は5年程度ですが、保険期間が満了後に加入すると年齢が上がるので保険料が高くなります。

死亡時には会社が死亡保険金を受け取りますので、大きな金額が会社の損益計算書上に特別利益として計上されることになります。

② 終身保険

終身保険は保険期間が一生続き必ず保険金の支払いがあるために、保険料は高くなります。保険金の原資を積立てることから保険料は全額資産計上され、死亡時（あるいは解約時）にはその積立金相当の支払いを受けます。

定期保険のように損金計上としていたわけではなく、仕訳上は保険積立金の減少＋現金の増加となるので損益計算書上への影響はありません。

③ 長期平準定期保険

長期平準定期保険は保険期間の長い定期保険です。一部は掛け捨てとなるので50％損金計上でき節税効果があります。年齢が上がるにしたがって死亡率もアップするので、単年度でみると保障に必要な保険料は徐々に上がります。その一方で保険契約者が払う保険料は毎月同額です。加入当初は死亡率よりも多くの保険料を払うことから前払保険料が多くなります。途中で解約すると前払保険料の積立部分相当が解約返戻金となります。このために、社長の退任に合わせて途中解約すると、退職金支払いの財源となります。

保険の種類も様々であり、損金計上を3分の1や3分の2とする保険もあります。損金計上の多い保険は解約した場合に戻ってくる返戻金が小さくなり、損金計上の少ない保険は返戻金が多くなります。3分の1損金計上となる逓増定期保険はピーク時の返戻金が払込保険料の100％以上となるものもあり、退職金の確保目的で利用されます。

(3) 生命保険の活用例

① 死亡退職金支払いによる納税資金対策

会社が契約者として保険料を負担し、社長を被保険者とすれば、会社は社長死亡時に保険金を受け取れます。この受取金を財源に死亡退職金を支払えば相続人は納税資金を確保することができます。

② 退職金の支払原資

社長退任時に支払う退職金の原資として利用できます。経費として認められる金額は、「最終報酬月額×在任年数×功績倍率」で計算できます。功績倍率は

3倍とすれば無難といわれており、最終報酬月額が100万円で在任年数30年であれば、9,000万円となります。

なお、功績倍率には、明確な基準がなく、同業種で同規模の会社に比べて多すぎれば否認されます。

③　法人による自社株式の買取り

会社が受領した死亡保険金を社長の死亡退職金として支払えば、社長（被相続人）のみなし相続資産になり、一定の相続税が課されます。

死亡保険金を死亡退職金として支払わずに社内に内部留保すれば配当財源の原資となる「その他剰余金」が増加しますので、この資金で相続人から自社株式を取得することができます。

④　代償分割での利用

自社株式はなるべく後継者に集中させるのが原則ですが、自社株式以外に目立った相続財産がないケースでは、遺留分を考慮するために株式の分散が生じてしまいます。

個人保険において、契約者兼被保険者が父親（社長）で受取人を長男（後継者）としておけば、死亡時には長男が死亡保険金を受領できます。この資金で例えば次男に代償金を払うことで、遺産分割への対応や遺留分減殺請求を防止することができます。

⑤　生命保険契約の権利の相続

契約者が父親、被保険者は子供、受取人は父親とした場合に、父親に相続が発生しても死亡保険金の支払いはありません。その代わりに保険金を受け取る権利を相続することになります。

生命保険契約に関する権利の評価は、相続税法24条の規定に従って、権利を取得したときの時価、すなわち権利取得時の解約返戻金で評価されます。

3．持株会社
(1) メリットとデメリット

大企業と中小企業（特にオーナー会社）では持株会社を設立する目的は違ってきます。最近は中小企業でも持株会社を設立する動きがあります。中小企業における持株会社の一般的なメリットとデメリットは以下のようになります。

メリット	デメリット
1 創業家としての事業承継に役立つ	1 会社間の損益通算ができない
2 複数の後継者をより分けできる	2 子会社にも管理部門が必要となる
3 子会社単位の経営が可能となる	3 子会社単独では資金調達しにくい
4 戦略と事業の分離ができる	4 規模拡大によりと求心力が低下する

メリットとして、後継候補者が2人いる場合には、各自の性格や特性に応じて子会社の経営を任せることができます。よく見かける事例として、不動産管理会社と事業会社を分けて、長男と次男に継がせることがあります。

デメリットは、子会社間の損益通算ができなくなることです。連結納税制度を利用すれば済むのですが、手間がかかり負担が増えることは避けられません。資金調達も問題です。子会社に体力がなければ親会社である持株会社から資金供給するか、子会社借入の債務保証をするか等の対応が求められます。

(2) 会社分割の基本類型

持株会社の設立方法はいくつかあるのですが、ここでは会社分割を利用した方法について記述します。

会社分割とは、会社が事業の権利と義務を分割して、他の会社あるいは新会社に承継させることです。このうち、他の会社に分割する事業を承継させることを吸収分割、新しく設立する会社に承継させることを新設分割といいます。

分割時において交付される株式を誰が取得するかという観点から、分割会社の株主が取得する「分割型分割」と、分割会社が取得する「分社型分割」とがあります。分割型分割では兄弟会社、分社型分割では親子会社となります。それぞれの組み合わせによって4つのパターンに分けられます。

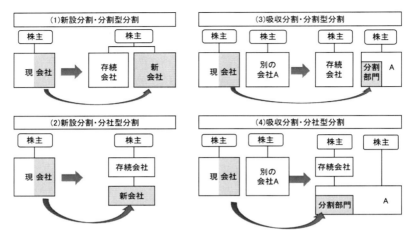

出所:木俣貴光編著、松島一秋税務監修「持株会社・グループ組織再編・M&Aを活用した事業承継スキーム」中央経済社 p.193

　会社分割のメリットとしては以下のようなものがあります。
① 会社分割は包括承継ですので、債権者の個別同意が不要です。
② 承継会社は対価として株式を発行するので、キャッシュの支払いは不要です。
③ 税制適格要件を満たせば分割会社において譲渡益課税は発生しません。
　留意点は以下のようなものがあります。
① 債務超過の場合は資本充実原則から債務超過会社の会社分割はできません。
② 合併類似適格の分割型分割に該当しなければ繰越欠損金を引き継げません。
③ 会社分割は労働契約承継法に基づき、労働者の同意を得ずに労働契約を承継できますが、給与水準が下がるなど労働条件が悪化する場合には労働契約承継法は適用されず、個別に同意を得る必要が生じます。

　会計上の動きという観点でみると、分割型分割では、承継対象資産負債の差額である純資産相当額が、分割会社の純資産減少となる一方で、承継会社は純資産増加となります。これに対して、分社型分割では純資産は変動が生じません。すなわち、分割会社から資産負債が承継会社に分割されますが、その差額相当が子会社株式として分割会社の資産に計上されます。

（3） 分社型分割による設立

A社がX事業を切り出す分社型分割と、Y事業を切り出す分社型分割を行うと元の会社Aが持株会社とすることができます。

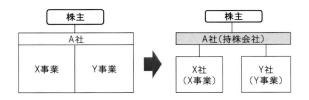

（4） 分割型分割＋株式移転による設立

A社が分割型分割でB社を設立します。A社がX事業、B社がY事業を行う兄弟会社が出来上がりました。

次に、A社とB社が持株会社C社を「株式移転」（会社法774条）で作ります。株式移転とは、ある会社（A社とB社）が株主総会の特別決議により完全親会社C社を新設する手続きです。A社とB社という2つの会社が同時に株式移転して1つの持株会社を設立することは共同株式移転と呼ばれます。

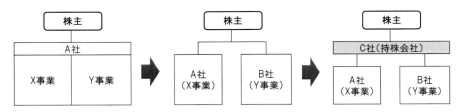

なお、持株会社として既存の会社を利用する場合もあり、その時は「株式交換」（会社法769条）となります。その場合にはA社とB社の株主が持つ株式が完全親会社となる株式会社に移転し、元の株主には金銭等が交付されます。

また、持株会社と傘下の子会社との間では役員の兼任がなされることが普通です。親会社の社外取締役と監査役は、監督是正する立場にいることから、子会社の業務執行取締役にはなれませんので留意が必要です。

(5) 税務上の課題認識
① 税制適格要件

　合併や会社分割といった組織再編を行う際に、簿価で引き継ぐか時価とするかは大きな問題です。2001年に組織再編税制が導入されました。合併や会社分割は資産の移転になるので原則は譲渡損益を認識して譲渡益に課税されますが一定の要件（税制適格要件）を満たせば簿価で移転できるというものです。

　適格組織再編の場合には簿価で移転するとして譲渡益は発生しませんが、非適格組織再編となると時価で移転したとみなされて移転時の時価が取得価格よいも高い場合には譲渡益が認識されて課税されます。

```
税制適格組織再編      ……   簿価
税制非適格組織再編    ……   時価
```

税制適格要件（会社分割）

分割会社と承継会社の持株比率	グループ内再編 完全支配 100%	グループ内再編 50%超 100%未満	共同事業再編
株主への現金交付がないこと	○	○	○
主要な事業が引き続き営まれること	×	○	○
主要な資産と負債が承継されること	×	○	○
従業員の80%が引き続き従事	×	○	○
事業の関連性があること	×	×	○
常務以上の役員が分割後も役員となる等	×	×	○
80%以上を保有する株主が継続保有	×	×	○

出所：藤原総一郎編「M&A活用と防衛戦略」東洋経済新報社 p111

② 株式保有特定会社

　分割会社の資産と負債を承継会社にどのように分けるかによって、それぞれの会社の純資産が違ってきます。その結果として自社株式の株価が大きく変動する可能性があります。

　自社株式を評価する上で相続税では、持株会社は総資産に占める株式保有割合が50%以上の場合に適用となる「株式保有特定会社」に該当する可能性が高く自社株式評価への影響が出ます（相続税法189条(2)）。

第7章　会社の価値

1．評価方法

会社の価値の評価方法はいくつかあります。相続税上の自社株式評価と M&A における市場価値評価に大別されます。

インカム・アプローチは期待される収益やキャッシュ・フローに基づいて評価します。マーケット・アプローチは上場会社の株価等と比較します。コスト・アプローチは純資産を基に計算します。

	アプローチ	相続税法	M&A市場価値
a	インカム・アプローチ	配当還元法	DCF法
b	マーケット・アプローチ	類似業種比準価額法	EBITDA乗数法
c	コスト・アプローチ	純資産価額法	利益年買法

2．相続税法上の株式評価

(1) 評価方式の判定

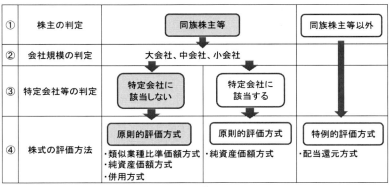

出所：佐伯草一編著「図解 相続税法 超入門」(税務経理協会)p84

同族株主は原則的評価方式となります。持株会社や不動産管理会社などに該当する特定会社に該当すると、純資産価額方式となり、その他の一般的な会社は類似業種比準価額方式や純資産価額方式をベースに評価します。

同族株主以外の少数株主は経営権がないので、純粋に配当程度の利回りしか期待できないため配当還元方式となります。

87

(2) 株主の判定

同族株主の判断は筆頭株主グループの議決権割合、納税義務者とその株主グループの議決権割合により判定されます。中小企業の多くは同族会社で、その株主の多くは同族会社等という位置づけになります。

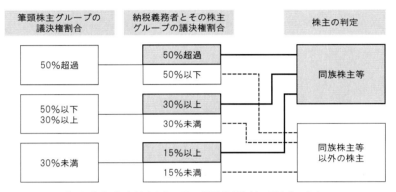

出所：佐伯草一編著「図解 相続税法 超入門」（税務経理協会）p85を基に作成

同族株主とは、株主の1人及びその同族関係者の有する議決権総数が30%以上における、その株主と同族関係者を指します

なお、同族関係者とは、親族（配偶者、6親等内の血族および3親等内の血族）、事実上婚姻関係にある者、株主の使用人など幅広い範囲となっています。

(3) 会社規模の判定

従業員数が70名以上の会社は大企業となります。

70名未満の場合にはA 従業員数とB 総資産価額を比べて低位の区分で仮の会社規模とします。取引金額の大きさからも仮の会社規模の区分をみます。この両者のうちの上位にある方を正式な会社規模とします。

従業員数が30名の小売業で、総資産が2億円、取引金額が3億円であれば、従業員数と総資産価額区分では中会社（小）、取引金額では中会社（中）になりますので、正式な会社規模は、このうちの上位となる中会社（中）となります。

なお、従業員数には社長や専務などの役員は含まれません。また、パートタイマーは就業時間の合計時間を1,800時間で割った数として人数計算します。

A 従業員数	B総資産価額（帳簿価額）			会社規模と Lの割合	C取引金額		
	卸売業	小売・ サービス業	それ以外		卸売業	小売・ サービス業	それ以外
70人未満 35人超	20億円以上	15億円以上	15億円以上	大会社	30億円以上	20億円以上	15億円以上
70人未満 35人超	20億円未満 4億円以上	15億円未満 5億円以上	15億円未満 5億円以上	中会社 （大） 0.9	30億円未満 7億円以上	20億円未満 5億円以上	15億円未満 4億円以上
35人以下 20人超	4億円未満 2億円以上	5億円未満 2.5億円以上	5億円未満 2.5億円以上	中会社 （中） 0.75	7億円未満 3.5億円以上	5億円未満 2.5億円以上	4億円未満 2億円以上
20人以下 5人超	2億円未満 7千万円以上	2.5億円未満 4千万円以上	2.5億円未満 5千万円以上	中会社 （小） 0.6	3.5億円未満 2億円以上	2.5億円未満 6千万円以上	2億円未満 8千万円以上
5人以下	7千万円未満	4千万円未満	5千万円未満	小会社	2億円未満	6千万円未満	8千万円未満

（4）特定会社等の判定

評価対象会社が以下に該当する場合には規模とは関係なく、純資産価額で評価しなくてはなりません。

株式保有特定会社	株式保有割合が50％以上。持株会社等が該当
	なお、保有株式を純資産価額方式とし、その他の資産負債を別に評価する「S1＋S2」方式を選択することができる
土地保有特定会社	土地の保有割合が一定以上。資産管理会社等が該当
	保有割合は、大会社は70％以上、中会社では90％以上、小会社となると70％または90％になる
その他	開業後3年未満
	配当、利益、純資産がすべてゼロの「比準要素数ゼロの会社」
	休業中や、清算中の会社

① **比準要素数ゼロの会社**

　　配当、利益、純資産という比準要素3つすべてがゼロの会社は純資産価額で評価します。

② **比準要素数1の会社**

　　比準要素3つのうち2つの要素が2期ゼロとなると、「比準要素数1の会社」と判定され、併用方式における類似業種比準価額の適用割合（Lの割合）が0.25となります。

　　なお、配当は2期間の平均をとるので、（3期前と2期前の平均）と（2期前と直前期の平均）がゼロということですので、実質的には3年間配当がない場合に該当します。

(5) 類似業種比準価額方式

上場会社の類似業種株価に、50円換算した1株当たりの配当、利益、純資産を比較して求めた比率を乗じたのち、斟酌率を掛けて求めます。

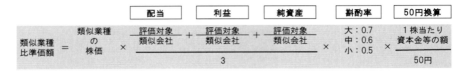

類似業種の利益と純資産は、会計上の税引前当期純利益と純資産なのですが、評価対象会社では、法人税法上の数値を使用します。

利益は課税所得から非経常的な利益を引いて、益金不算入した利益配当と損金算入した繰越欠損金の控除額を加えます。

純資産は資本金に法人税法上の利益積立金額を加えます。

利益
法人税の課税所得
－　固定資産売却益などの非経常的な利益金額
＋　益金不算入の利益配当（※）
＋　損金算入した繰越欠損金の控除額
※：所得税額は除く

純資産
資本金等
＋　法人税法上の利益積立金額（※）
※：直前期の法人税申告書別表五（一）の金額

(6) 純資産価額方式

時価ベースで資産から負債を引いて求めます。評価差益がある場合には、37%（平成28年以降）の法人税相当額を控除します。

各資産や各負債の評価は財産評価基本通達に詳細に定められています。主な留意点は以下の通りとなります。

① 財産性がなく価値のない繰延資産や仮払金は評価しません。
② 貸倒引当金や退職給与引当金等は負債に含みません。
③ 帳簿上では計上されていない借地権についても評価します。中小企業では本社工場の底地が社長保有、建物が会社保有というケースが多くみられますので、評価上見逃さないことが肝要です。

④　過去3期の平均利益が5,000万円を超える会社では、営業権を評価する必要があります。(それ以下であれば計算上、営業権が算出されません。)

なお、議決権割合の合計が50％以下である同族株主グループに属する株主が取得した株式は、上記で求めた1株当たりの純資産価額に80％を乗じた価額で評価します(財産評価基準通達185条但書き)。

(7) 併用方式

純資産価額によることが基本となりますが、類似業種比準価額の方が株価は低くなることが多いので、純資産価額と類似業種比準価額を按分した価額(折衷価額)を用いることが一般的です。

折衷価額をみると、小さな会社ほど純資産価額のウエイトが大きくなり、大きくなるにしたがって、類似業種比準価額のウエイトが高まります。

		類似業種比準価額	折衷価額		純資産価額
			類似業種比準価額	純資産価額	
大会社		○	-	-	○
中会社	大	-	0.90	0.10	○
	中	-	0.75	0.25	○
	小	-	0.60	0.40	○
小会社		-	0.50	0.50	○

(8) 配当還元方式

同族株主以外が保有する株式は、配当を期待する程度の価値しか見込めないために、配当をベースに評価します。

$$配当還元価額 = \frac{2年間の平均配当}{10\%} \times \frac{1株当たり資本金等の額}{50円}$$

2年間の配当金額が2円50銭未満の場合には、2円50銭として計算します。また、配当は普通配当とし、特別配当や記念配当は除かれます。

なお、同族株主であっても少数株主と同じように影響力を持たないと認められる場合には、特例的評価方式として、配当還元方式を採用できます。具体的には次の3つの条件をすべて満たす場合が該当します。

①　取得後の議決権割合が5％未満であること

② 中心的な同族株主がいること
③ 取得者は中心的な同族株主ではなく、かつ役員でもないこと

同族株主のいる会社における株主判定フロー

株主の態様による区分				評価方式
同族株主	取得後の議決権割合が5%以上の株主			原則的評価方式
	取得後の議決権割合が5%未満の株主	中心的な同族株主がいない場合		
		中心的な同族株主がいる場合	中心的な同族株主	
			役員	
			その他	特例的評価方式
同族株主以外の株主				

(9) 原則的評価方法の計算例

① 会社の概要

業種は精肉小売りチェーン小売業とします。数店舗を展開し、売上が5億円弱あります。固定資産のうちの駅前店は含み益があります。

円

	直前々期	直前期
売上高	420,000,000	480,000,000
税引前利益	8,000,000	12,000,000
法人税等	3,200,000	4,800,000
当期純利益	4,800,000	7,200,000
配当	1,000,000	1,200,000
従業員数	34	37

直前期末 円

流動資産	200,000,000	流動負債	280,000,000
固定資産	200,000,000	純資産	120,000,000
うち土地	100,000,000	うち資本金	20,000,000
総資産	400,000,000		400,000,000

土地の評価差益（相続税評価額）	50,000,000
発行済株式数	4,000

② 類似業種

類似業種は、国税庁のHPにある「類似業種比準価額計算上の業種目及び業種目別株価等」を用います。類似業種がわからない場合には、国税庁HPの「日本標準産業分類の分類項目と類似業種比準価額計算上の業種目との対比表」で確認することができます。

業種目は大分類、中分類、小分類があります。小分類に該当する場合には小分類を、中分類に該当する場合は中分類を使用します。ただし、上位（中分類であれば大分類）も選択できます（財産評価基本通達181）。

株価は課税月の前3カ月と、前年平均、過去2年平均の5つのうちで最も低い

ものを選択できます。ここでは、296円です。

業種目別株価一覧表等（平成29年10月分）　　　　　　　　　　　円

業種目			番号	配当	利益	純資産	株価				
大分類							2年平均	前年平均	前々月	前月	課税月
	中分類										
		小分類									
小売業			79	3.9	27	198	321	302	356	358	371
	飲食料品小売業		82	4.2	31	222	310	296	326	322	330

③　会社規模判定

業種は小売業ですので、従業員37名と総資産4億円に対応するランクのうちの下位は中会社（中）となります。取引金額に対応するランクも中会社（中）ですので、中会社（中）となります。

④　株価計算

類似業種比準価額計算では、まず、資本金等を1株50円で割って発行済株式数を計算します。

次に配当は、直前期の120万円と直前々期100万円の平均値110万円を発行済株式数40万株で割って2.75円となります。

利益は直前期の1,200万円と、直前期1,200万円と直前々期800万円の平均値1,000万円の低い方である1,000万円とし、これを40万株で割ります。なお、利益は課税所得をベースとすべきですが、ここでは暫定的に会計上の税引前当期純利益を採用しています。

純資産は簿価純資産1億2,000万円を40万株で割ります。

類似業種比準割合を、評価対象÷類似業種で求め、配当、利益、純資産の平均を出します（各少数2位未満切捨）。平成28年末までは、配当：利益：純資産が1：3：1でしたが、29年1月以後は1：1：1となりました。その平均が0.93となります。

想定株価は類似業種296円×比準割合0.93×斟酌率0.6＝167円（50円換算）となりますので、1株当たりに直すと、16,510円となります。

純資産価額では、評価差益を計算し、法人税相当額として37％を引いた金額を

加算します。なお、評価差益がマイナス（差損）となる場合はゼロとして、差し引きません。

折衷価額は、中会社（中）でしたので、類似業種比準価額 0.75 と純資産価額 0.25 の比率を乗じて計算すると、1 株 21,851 円と計算されました。

このように、一般的には類似業種比準価額のほうが低く計算されます。

1 類似業種比準価額

(1) 1株50円換算

	現在	50円換算
資本金	20,000,000	20,000,000
1株あたり	5,000	50
発行済株式	4,000	400,000

	配当	利益	純資産
直前期	1,200,000	12,000,000	120,000,000
直前々期	1,000,000	8,000,000	
平均	1,100,000	10,000,000	
1株当たり	2.75	25	300

(2) 業種目　番号　85　飲食料品小売業
(3) 類似業種株価　　296 円
(4) 類似業種比準割合

評価対象	
類似業種	
割合	

比準割合	配当	利益	純資産
	2.75	25	300
	4.20	31	222
0.93	0.65	0.80	1.35

(5) 斟酌率　中会社　0.6
(6) 推定株価

類似業種	296 円
× 比準割合	0.93
× 斟酌率	0.6
= 株価（50円換算）	165.1 円

1株あたり資本金①	5,000
50円②	50
倍数①÷②	100
1株当たり換算	16,510

2 純資産価額

	円
純資産	120,000,000
評価差益(37%控除後)	31,500,000
合計	151,500,000

1株当たり換算	37,875

3 折衷価額

類似業種比準価額	0.75	12,383
純資産価額	0.25	9,469
1株当たり換算		21,851

3．M＆Aにおける事業価値
(1) 株式価値
　株式価値は、資産サイドから見ると、事業価値＋現金預金の合計から、借入金や社債といった有利子負債を引いて求めます。
　企業価値は株式価値と有利子負債の合計となります。

(2) 利益年買法
　この方法の考え方は、株式価値＝時価純資産＋営業利益の3年分程度とする考え方です。純資産は今までの蓄積してきた資本の厚みです。これを時価でみれば含み損益を反映できます。今後数年の利益をいわゆる暖簾として上乗せするわけです。分かり易いことから中小企業向けで最もよく利用されている方法です。

$$株式価値 ＝ 時価純資産 ＋ 暖簾$$

　時価純資産が簿価純資産よりも大きくなるのは、不動産や投資有価証券に含み益があるときであり、反対に小さくなるのは、不良在庫や、退職給付の積立不足がある場合です。
　また、システムインフラなど必要な投資を行っていない場合には、必要投資額を差し引くこともあります。

(3) ＥＢＩＴＤＡ乗数法
　正常な収益力をEBITDA（Earnings Before Interest, Tax, Depreciation, and Amortization）で把握します。利子・法人税・償却費前の利益ということですが、実務的には営業利益＋減価償却費で求めます。
　EBITDA乗数法は、EBITDAの何倍かで事業価値を計測する手法です。計算が容易であること、価格面からみて他社や過去の事例と比較を行ない易いという長所があり、よく利用されています。

| EBITDA | = | 営業利益 | + | 減価償却費 |
| 事業価値 | = | EBITDA | × | 乗数 |

　EBITDA の何倍にするかという乗数（Multiple）は、かつては 5 倍といわれていましたが、M&A が過熱するにしたがって 10 倍を超える案件もあります。

　国内では、2006 年に王子製紙が北越製紙に TOB をかけたとき、その乗数は 10 倍でした。製紙会社の企業価値は当時 8 倍程度でした。高めで TOB を仕掛けたわけですが、ライバル会社が阻止に動き、結局、失敗に終わっています。

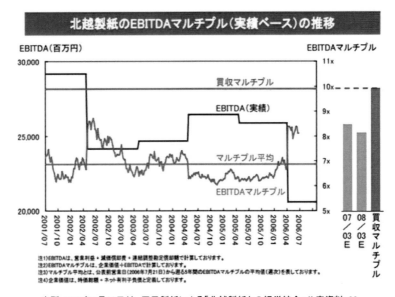

出所：2006年7月23日付、王子製紙による「北越製紙との経営統合」公表資料p28

　2016 年に東芝メディカルシステムズが売りに出され、競争入札の結果キヤノンが 6,655 億円で買収しました。直近期の営業利益は 82 億円、EBITDA を仮に 200 億円とおいても乗数は 30 倍となります。売却時の資産負債差額 475 億円（現預金を除く）であり、利益年買法で考えれば 1,500 億円程度です。

　同社は東芝の「虎の子」で滅多に出ない超優良案件です。買収側とすれば是非とも欲しく、金に糸目を付けず入札した結果、高い乗数での落札となりました。

(4) DCF法

DCF(Discounted Cash Flow)法は、今後のフリー・キャッシュ・フロー(FCF)を見積り、それを現在価値に割り引いて計算する方法です。ポイントは、

a 今後5年間のFCFを見積もります。
b 5年目以降の継続価値(Terminal Value：TV)を見積ります。
c 割引率(r)を用いて現在価値に直します。

計算式は精緻で一番格式の高い方法ですが、評価者の見方で評価額が大きく増減する方法です。構造的には以下のような課題が内在しています。

a 5年目のFCFに基づく継続価値が全体の8割程度を占めますが、そもそも5年後のFCFを正しく見積もることは不可能です。
b 低金利環境下では割引率が低く、価値が高くなりがちです。
c 自己資本比率が高いほど現在価値は小さく計算されます。

DCF法を使う必要があるのは急成長中で、現段階では利益蓄積が小さいが、将来においては多額のキャッシュ・フローを生み出すと期待できる場合です。

やや専門的になりますが、計算式について説明します。

			収益予想期間					④継続価値（ＴＶ）	合計
	年後		1	2	3	4	5	5年後以降	
	営業利益	a	100	100	100	100	100		
	税率	b	40%	40%	40%	40%	40%		
	税引後利益	c=a*(1-b)	60	60	60	60	60		
	減価償却費	d	40	40	40	40	40		
	運転資金増減	e	0	0	0	0	0		
	設備投資	f	-40	-40	-40	-40	-40		
①	FCF	g=c+d+e+f	60	60	60	60	60	1,200	
	(1+r)n	h	1.070	1.145	1.225	1.311	1.403	1.403	
②	DF	i=1/h	0.935	0.873	0.816	0.763	0.713	0.713	
	現在価値（ＰＶ）	j=g*i	56	52	49	46	43	856	1,102

③	WACC（割引率 r）	7%
④	期待成長率	2%

① FCFの計算

税引後営業利益に減価償却費を加えます。簡易キャッシュ・フローと言われる概念です。これに運転資金の増加額と設備投資実施額を引いて求めます。

> ＦＣＦ ＝ 営業利益×（１－税率）＋減価償却費－運転資金増－設備投資

② DF (Discount Factor)

DFは1÷（1＋r）^{n}で求めます。WACCが7%とすると5年後のDFは1÷（1＋0.07）^{5}＝0.713となります。

これにFCFを乗ずれば現在価値（Present Value）が計算できます。

③ WACC

WACC（Weighted Average Cost of Capital）は加重平均資本コストのことで、他人資本の負債コストと株主資本の株式コストを加重平均したものです。

区分	リスクとリターン	期待収益	計算
他人資本	ローリスク・ローリターン	債権者の期待収益率	負債利子率
株主資本	ハイリスク・ハイリターン	株主の期待収益率	ＣＡＰＭで計算

他人資本	割合 30%	×	負債利子率（1－実行税率）2.00%（1－0.4）	＝	負債コスト 0.36%
株主資本	割合 70%	×	株主資本コスト 6.00%	＝	資本コスト 4.20%
			WACC	計	4.56%

WACCは、従来では7%程度とされていました。金利低下を反映すると5%とすることも考えられます。

中小企業のM&Aでは信用リスクや流動性リスクを考慮する必要があり、このリスクプレミアムを2.5%程度とすれば、7%（≒4.56%＋2.50%）となります。

なお、リスクプレミアムをWACCに反映せずに、算出された現在価値の30%を割り引くという考え方もあります。

(a) 株主資本コストの計算

CAPM（Capital Asset Pricing Model）で求めます。これは、無リスク資産のリスクフリーレートに、市場株価（TOPIX）に対する変動度合（ベータ：$β$）にマーケット・リスク・プレミアムを乗じた数値を加えます。

株主資本コスト＝	リスクフリーレート	＋	$β$	×	マーケット・リスク・プレミアム
6.00%	0.500%		1.1		5.00%

(b) リスクフリーレート

無リスク資産として、通常は長期国債（10年）の金利を用います。

(c) ベータ：β

市場株価（TOPIX）に対して、どの程度の変動をするかを示すかを回帰分析で求めた計数です。市場株価と同じ動きであれば1.0です。変動が大きければ1.0以上に、小さければ1.0未満になります。仮に1.5であれば、市場株価が10％上昇した場合に15％上昇することを示します。

株価変動	ベータ
大きい	1.50
平均的	1.00
小さい	0.50

ベータ（修正ベータ）は、ロイターの画面で入手できます。自分で株価を基に自分でも計算することは可能です。その場合は、計算された未修正ベータを、ベータ＝0.33＋0.67×未修正ベータで求めます。ベータは時間とともに、市場平均に近づくとの前提で修正されています。

東京瓦斯について、2017年の1年間の月末終値で計測すると、ベータは0.65で、ロイターの画面2月23日におけるベータは0.59でした。

月末終値

No	年	月末	東京瓦斯 月末終値	月次収益率	TOPIX 月末終値	月次収益率
1	2017	12	2578.5	-0.0217	1817.56	0.0141
2	2017	11	2635.0	-0.0680	1792.08	0.0147
11	2017	2	2549.0	0.0198	1535.32	0.0089
12	2017	1	2499.0	-0.0566	1521.67	0.0020

計算結果

未修正ベータ	0.47
修正ベータ	0.65

注　関数：月次収益率はＬＮ（当月末／前月末）
　　　　　ベータはＬＩＮＥＳＴ（対象会社とＴＯＰＩＸの月次収益率）

次に、業種が同じであれば事業リスクは同じと考え、それに会社の資本構成を反映させる作業を行います。

・まず、類似上場会社のベータ（レバード・ベータ）を求めます。
・それを無借金ベースの、アンレバード・ベータに変換します。
・当該企業の資本負債構成を反映させて、レバード・ベータを計算します。

$$\text{アンレバード}\beta = \frac{\text{類似会社のレバード}\beta}{1+(1-\text{税率})\times\frac{\text{他人資本比率}}{\text{株主資本比率}}}$$

$$\text{評価会社のレバード}\beta = \text{アンレバード}\beta \times \left\{1+(1-\text{税率})\times\frac{\text{他人資本比率}}{\text{株主資本比率}}\right\}$$

なお、中小企業庁の「経営承継法における非上場株式等評価ガイドライン」（平成21年2月）のp31、p32に詳細な計算例があります。

(d) マーケット・リスク・プレミアム

国内株式の過去50年間の推移から、一般的には5％とします。なお、益回りから考える方法もあります。益回り（1÷PER）から無リスクの10年国債金利を引いて、マーケット・リスク・プレミアムを求めるものです。

PER	益回り	10年国債	リスク・プレミアム
20.00	5.00%	0.50%	4.50%
18.00	5.56%	0.50%	5.06%
16.00	6.25%	0.50%	5.75%

④ 継続価値（TV）

$$\text{継続価値（TV）} = \frac{\text{5年目のFCF}}{\text{WACC}-\text{期待成長率}}$$

継続価値は予想期間最終年度である5年目のキャッシュ・フローを基に計算します。5年目のFCFを、WACCから期待成長率を引いたレートで還元するので、大きな成長が見込めるほど、分母は小さくTVは大きくなるというわけです。

継続価値の部分が圧倒的に大きくなります。5年目のFCFを、WACCの7％から期待成長率2％を引いた5％で割っています。20倍しているわけです。

		期待成長率		
		1%	2%	3%
WACC	5%	1,435	1,827	2,610
	6%	1,149	1,374	1,747
	7%	959	1,102	1,315
	8%	823	920	1,056
	9%	721	790	883

4．M＆Aの手続き
(1) プロセス
　一般的には、次のプロセスをたどります。仲介業者の選定からクロージングまで、期間的には早ければ6カ月、通常は1年程度かかります。
　　　　①仲介業者選定と相談の開始
　　　　②候補者の選定と打診・面談
　　　　③秘密保持契約書（NDA）と基本合意書（LOI）の締結
　　　　④デューデリジェンスの実施
　　　　⑤価格交渉と決定
　　　　⑥最終契約の締結とクロージング（実行）
　　　　⑦統合と統合後の対応（PMI）

(2) 売手側の売却目的
　最近はM＆Aということに抵抗感がなくなり、M＆A希望の要望に接する機会が多くなりました。ピカピカの会社も稀にはありますが、業績不振で債務超過に喘いでいる会社からの打診が目立ちます。今までの苦労と会社への愛情が重なり、高く売れるものと錯覚しているケースも見受けられます。業績が悪い場合には、買手側から、従業員は欲しいが借入金は引き継がないと主張されます。
　譲渡しにくい会社としては、強みのない会社、会社＝社長のようなケース、100％下請会社、経理が不透明な会社、業界が先細りの会社です。
　反対に譲渡しやすい会社としては、強みのある会社、優良企業との取引がある会社、市場の発展が見込める会社等です。業界では、免許が必要となる運輸や物流、市場の寡占化が進行中の調剤薬局、市場発展が見込める医療や介護などでは買いたいという需要が大きくなっています。
　一定の事業価値が見込める場合には、社長は何を優先事項と考えるかを確認しておくことが大切です。高く売却したいのか、従業員の雇用を守りたいのか、企業の社名や社風を残したいのかといったものです。

(3) 買手側の買収目的

買収目的を明確にすることが大切です。時間の短縮か、規模拡大か、あるいは新規分野への進出かということとなります。

焦りは禁物です。上場会社のM&Aは8割が失敗と言われます。社長任期は4年程度で、その間に成果を出そうとします。証券アナリスト向けの説明会の席上、社長に対して「御社は成長戦略が弱いのでは？」とか、「積みあがった余裕資金を活用すべきでは？」といった質問が矢継ぎ早に出るので、焦りを誘発します。

M&A巧者の日本電産は、買収候補を常日頃から把握し狙っているので、平成30年1月時点で国内外56件の買収はすべて成功と評価されています。

買収で最も重要なのは、買収後管理（PMI：Post Merger Integration）です。新しく経営者を送り込むのが普通ですが、中にはそれまでの経営者に任せるケースも増えています。

多少、買収価格が高くても、きちんと経営してEBITDAを2倍に増やすことができれば安い買い物となりますし、事業の発展に大きく貢献できます。

(4) 仲介業者の選定

相手先をどのように探すのか、様々なルートが考えられます。民間の仲介業者、取引金融機関、顧問税理士、同業者、取引先、商工会議所等となります。

① 民間の仲介業者

民間の仲介会社は、仲介手数料も高く、普通の中小企業では支払えないケースが多くなります。

手数料はレーマン方式であり、時価総資産で7億円となると、3,300万円の手数料となります。最低でも1,000万円は覚悟をしないといけません。ただし、仲介会社ごとに計算式は異なり、M&Aキャピタルパートナーズのように時価総資産ではなく、株式譲渡価額に手数料率を乗じる会社もあり、実際に支払う手数料は仲介会社により異なります。

時価総資産（営業権を含む）	手数料率
5億円以下の部分	5%
5億円超　10億円以下の部分	4%
10億円超　50億円以下の部分	3%
50億円超　100億円以下の部分	2%
100億円超の部分	1%

費用面では、このほか着手金の有無、企業価値算定費用、成功報酬かどうかも確認しておく必要があります。

上場している中小企業専門の仲介業者としては、日本M&Aセンター、M&Aキャピタルパートナーズ、ストライクがあります。この他、フォーバルなどの上場会社の参入や中堅の仲介会社が力を伸ばしています。

仲介業者の選定はネットワーク、実績や手数料等を考慮の上で選定することとなります。

② 事業引継ぎ支援センター

各県には、事業引継ぎ支援センターが設置され、成約件数がうなぎ上りです。譲渡相談企業の年商も、平成28年度には1億円以下が41%、1億円超3億円以下が31%と小さな中小企業の利用も増えています。

東京都事業引継ぎ支援センターの取扱件数

年度	譲渡希望	買収希望	合計	成約件数
23	28	10	38	0
24	188	150	338	5
25	265	225	490	11
26	290	287	577	27
27	344	292	636	32
28	335	344	679	41
合計	1,450	1,308	2,758	116

出所：東京都事業引継ぎ支援センター

事業引継ぎ支援センターでは、次の三段階で支援を行っています。

① 一次対応　窓口相談
② 次対応　　民間仲介業者への紹介
③ 三次対応　センターによるM&A（マッチング相手が決まっている場合）

売手と買手が事前に合意し手続面の相談で利用するケースもあり、申し込みをしてもすぐに相手が見つかるわけではありません。

ただし、登録件数は増え、かつ全国的なデータベースも増加しており、今後はマッチングできる可能性が飛躍的に高まると期待されています。

(5) 手続き
①秘密保持契約書(Non Disclosure Agreement)の締結

　　特に売手の情報が外部に漏れると風評被害にも繋がるために、相手に会社名を明かす場合には、必ず秘密保持契約を結ぶようにします。秘密保持契約の中には秘密情報の定義、秘密保持義務の内容、秘密漏洩に関する損害賠償請求に関する条項が含まれます。

　　社内は勿論のこと、親戚や友人に対しても知らせる時期に注意しなければなりません。希望する案件候補が見つかると、嬉しくなって酒の席等で口を滑らせて、M&Aが破談になるケースもあるといわれます。

②基本合意書(Letter of Intent)の締結

　　基本合意書には、双方が概ね合意した事項を盛り込みます。具体的には、譲渡価格、独占交渉権の付与、有効期限などとなります。

　　独占交渉権は売手が二股をかけることを防止する目的があり、通常は3カ月程度の期間を設けます。

③デューデリジェンスの実施

　　基本合意契約の後に行われます。経費は買手が負担するのが原則で、デューデリジェンスをするかどうかの判断は買手がします。

　　費用は決して安くはなく、中小企業同士のM&Aでも外部の専門家に依頼すれば50万円〜300万円かかります。財務は公認会計士、法務は弁護士に依頼しますが、1時間当たり2〜5万円が相場といわれています。

　　中小企業の中には、お互いの顧問税理士同席の上で簡単なインタビューで済ますところもあるようですが、問題が起きた後の混乱を考えると、しっかりと行うことが必要です。

種類	専門家	内容
財務	公認会計士	財務諸表が適正か。株価算定の基礎となる情報は適切か
法務	弁護士	M&A後に訴訟等、買手に不利となる問題が起きないか
税務	税理士	税務申告漏れや、将来の追徴課税リスクはないか
ビジネス	中小企業診断士	事業計画は妥当か。将来の収益力の事業性評価はどうか
環境	環境コンサルタント	特に工場汚染のリスクがある場合には調査を要する

④売買契約書

　最終の契約書として、譲渡対象、譲渡価格、支払条件を定めます。最終契約を締結するには、以下の点を含め十分な注意が必要であり、弁護士にきちんとチェックしてもらうことが大切です。

a　表明保証

　一定の事実や権利について、その存在の有無を表明し内容が真実であることを相手側に保証するものです。表明保証した事項以外は責任を持たなくて済むことから、契約当事者の責任範囲を明確にできます。そのため特に売手には多くの表明保証が求められます。

b　誓約条項

　売手に約束させるもので、例えばオーナー経営者に対しては、一定期間の間、承継が円滑に進むように「顧問」のような位置づけで会社経営に関与することを誓約する場合があります。

c　補償条項

　表明保証や誓約をした当事者が違反した場合に、補償すべき内容を定めたものです。例えば、IT企業などでは買収後の人材流出リスクもあることから、1年以内の退職者が出た場合の補償条件を定めることを行います。

d　連帯保証

　経営者が連帯保証をしている場合には、連帯保証を外す必要があります。株式譲渡で株主だけが入れ替わる場合、そのまま放置すると売手経営者の連帯保証が残ってしまいます。買手経営者が連帯保証を引き継ぐかどうかを含めて確認する必要があります。

e　競業避止義務

　売手の経営者等が売却後に同じ業務内容の会社を起業し、あるいは同業に転職すると、買手会社にとっては不利となりますので一定の競業避止義務が課されることが普通です。

第8章　借入と廃業

1．金融機関の状況
(1) 業態別の状況

日本の金融機関をメガバンク、地方銀行、信用金庫に分けて、その立ち位置を示すと概ね次のようになります。

	メガバンク	地方銀行	信用金庫
役割	国際競争力	地域活性化	地元密着
根拠	銀行法	銀行法	信用金庫法
資本	国際基準	国内基準	国内基準
融資	海外重視	国内	地元
運用	多様化	融資、証券等	融資、証券、預け金

産業の競争力を維持するためには金融が安定していること、そのためにもメガバンクが国際的競争力を維持することは重要です。リーマンショックで米国のインベストメントバンクが壊滅したのち、欧州危機で欧州の有力銀行の格付が下がったことから、日本のメガバンクの地位が相対的に上昇しました。

欧州の有力銀行が格付低下を最小限に食い止めるために、貸出を圧縮する行動に出た結果、メガバンクがそれに代わる形で海外融資を伸ばし、平成28年においては世界の事業融資でトップ3を独占しています。金融庁の平成28事務年度「金融レポート」では、メガバンクの海外貸出金が過去10年間で3倍に増加し、収益に占める比率は20％台半ばから40％に上昇していることあげ、今後は量的拡大よりも資本効率を重視した業務の選択と集中が必要と述べています。

また、地域銀行（地方銀行や第二地銀等）はゼロ金融政策により長短金利差が縮小して収益性が低下し、2025年には6割の銀行で顧客向けのサービス業務利益（貸出利息－預金利息＋役務取引収益－営業経費）がマイナスに転じるとの見通しを示しています。経常赤字に転落するので、その前に環境変化を踏まえてビジネスモデルの見直しをすべきと指摘しているわけです。

(2) 自己資本比率

地方銀行や信用金庫は国内基準が適用され、自己資本比率は4％以上必要ですので、多くの金融機関は最低8％、できれば10％を目標としています。

$$自己資本比率 = \frac{自己資本（コア資本）}{信用リスク・アセット等} \geq 4\%$$

　分子の自己資本は一般会社の純資産に概ね対応します。分母の信用リスク・アセットは、貸付や債券の残高に一定割合を乗じたものです。

　信用保証協会保証は企業が倒産した場合には信用保証協会が代位弁済するのでリスクウェイトは小さくなります。住宅ローンは政策的な意味もあり低く抑えられています。中小企業向け貸付は残高が1億円以下であれば小口分散が効くので残高の75％となっています。格付機関の格付けでA格など高い格付けを得ている先への融資や債券投資はリスクが低くなります。

　信用リスクを抑えるには貸付よりも信用度の高い債券投資が効果的です。そのため、国債投資が増える一方で一般の企業融資が増えにくくなっています。

リスク・アセットの例	リスクウェイト
地方公共団体向け貸付	0 ％
保証協会保証付き貸出	0、10 ％
抵当権付住宅ローン	35 ％
中小企業・個人向け貸出（残高1億円以下）	75 ％
適格格付機関格付先	20、50 ％等
その他貸付	100 ％等

2．資産査定と債務者区分

(1) 資産査定

全国264信用金庫の債務者区分の状況（H 28年度初）

債務者区分		債務者数	比率		参考
正常先		1,002,548	75.2%	正常債権	財務内容に問題ない
要注意先	その他	247,310	18.6%		元本利息の短期延滞、業績不振
	要管理先	4,003	0.3%	不良債権 6.2%	3カ月以上延滞、貸出条件緩和
破綻懸念先		50,140	3.8%		債務超過で経営難
実質破綻先		22,299	1.7%		実質的に破綻
破綻先		6,077	0.5%		法的・形式的破綻
合計		1,332,377	100.0%		

資料：全国信用金庫協会

　信用金庫の不良債権比率は 6.2％ と僅かです。債務者区分で、要注意先「その他」は正常債権、要注意先「要管理先」は不良債権に入ります。「要管理先」は、

3カ月以上延滞、金利減免、利息支払猶予、元本の返済猶予（リスケ）、元本返済の緩和などに該当する先です。

不良債権比率が高いと危ない金融機関と見なされるので、金融機関は不良債権となった融資等は回収や売却により圧縮します。

平成24年7月4日付で金融庁から「最近の金融行政について」が出され、救済ルールとして、金利が一定以上取れている先や、再建計画が策定されている先は、「要管理先」ではなく、「その他」に含めることが可能とされました。再建計画は企業が策定して金融機関に提出すべきものですが、行内で作成しても妥当なものであれば問題ないとされます。

この救済ルールのおかげで、「要管理先」から「その他」にシフトされ、開示上の不良債権ではなく正常債権に区分されているものが多いと推察します。

債務者区分は金融機関によって異なります。一般的にいえば、メガバンクは厳しく、地方銀行や信用金庫となるにしたがって緩やかになります。最近担当した案件で、メガバンクでは実質破綻先、信用金庫は正常先となっていたケースもあります。これは極端な例ですが、1ランク程度違うのが普通です。

地方銀行や信用金庫は地域経済を支えて活性化させる使命があります。自己査定でランクを下げて資金回収を図ればいいというわけではありません。むしろ、悪くなった会社をどう支援して再建させるかが問われる時代となっています。

(2) 内部格付と基準金利

ほとんどの金融機関は独自に取引先を格付します。これが「内部格付」で、格付機関が行う「外部格付」と区別して利用されます。

ランクが高いほど基準金利が安くなります。ランク付けするときは財務諸表の分析データで定量的評価を行って、定性的評価として担保、業界動向、経営者能力、技術力等を加味して決定します。中には、後継者がいるということで1ランク上げている信用金庫もあります。

なお、倒産確率は現在のような低金利で倒産の少ない状況においては、表で示した倒産確率よりもかなり下がっていると思われます。

内部格付と金利の関係（例）

内部格付	債務者区分		倒産確率	基準金利
1	正常先		0.20%	0.70%
2			0.50%	1.00%
3			0.80%	1.30%
4			1.50%	2.00%
5			2.50%	3.00%
6	要注意先	その他	4.00%	4.50%
7		要管理先	7.00%	—
8	破綻懸念先		15.00%	—
9	実質破綻先		30.00%	—
10	破綻先		100.00%	—

３．金融機関との取引

(1) 取引金融機関の選定基準

　金融機関とどのように取引をするのかは大事です。中小企業として、業績が好調で将来性もあればメガバンクをメインバンクに据えるのも１つの戦略です。金利は低いし、対外的な信用力もあがり、様々なサービスも充実しています。

　しかしながら、メガバンクのメインターゲットは海外融資です。日本の金融市場において、従来から中小企業向け貸付は採算が良くないというのが定説でした。手間はかかる上に、金利が十分に取れないことがその理由です。

　業績が芳しくない中小企業にあっては、地元の地方銀行や信用金庫をメインとして安定的な取引をすることが望ましいと考えます。できれば３行程度と取引し、メインと準メインは競争関係にあるようなところ、もう１行は日本政策金融公庫とすることが理想的です。

　メイン１行取引も悪くはないのですが、支店長や担当者が交代すると融資スタンスが変化し、あるいは人間ですので時には相性の問題も生じます。

　メインが自行の役割をきちんと認識し、業績悪化時に、自行の融資は長期約定返済に組み換えして資金繰りを改善させ、他の金融機関の返済が延滞しないように支援するものですが、逆に自行の残高圧縮を最優先するメインもあります。

　単に金利が高い、安いという判断ではなく、相互に信頼できるか、どのように継続的に支援願えるかをベースに判断すべきです。

(2) 預貸率と金融機関のスタンス

　預貸率は、集めた預金のうちどの程度を貸付しているかを見る指標です。大手都市銀行は運用が多様化しており低くなっています。地方銀行の預貸率が高いのは相続対策に絡むアパートローン等不動産関連が多いことも一因です。

　信用金庫は集めた預金の半分しか貸付を行っていません。残りは有価証券30％と上部団体である信金中金への預け金20％です。自分で運用するのではなく信金中金に運用を委託している形となっています。

　ただし、各信用金庫によりバラツキがあり、中には預貸率80％を超えるところもあります。そういう信用金庫は融資に前向きと評価できます。

業態別預貸率（平成29年8月末）

	都市銀行	地方銀行	第二地銀	信用金庫
預貸率	54％	76％	77％	49％

出所：信金中央金庫「金融機関業態別統計」より

(3) 借入と資金繰り

　短期借入金と長期借入金の区別もなく、ともあれ借りて返している中小企業が多いのが実情と思われます。本来は、運転資金は短期借入金とし、設備資金は長期借入金で収益弁済を図るのが筋です。

　事業を行う上では運転資金（売上債権＋棚卸資産－買入債務）が必要です。運転資金は短期借入で調達し期限が到来すれば、それを折り返しで継続する「短期転がし」が常識でしたが、業績不振会社への短期ころがしはリスケとみられて不良債権と判定されるリスクがあったため、金融機関は短期転がしをやめて、長期の約定弁済付きの融資に代えてきました。そのために資金繰りがきつくなった中小企業も多くありました。

　判断の基準であった金融検査マニュアルも廃止となり、今は事業性評価を行って、中小企業を支援するように方向転換されています。運転資金は短期転がしとし、設備資金を長期約定弁済とすれば資金繰りが改善し、後継者へのバトンタッチもスムーズにいくことに繋がります。

(4) 事業性評価

　かつては金融検査マニュアルに従って、融資を厳格に資産査定し、きちんと担保や保証をとることが求められました。金融庁の立入検査で自己査定が甘いと償却不足を指摘され、場合によっては経営陣の更迭もあるという状況でした。

　筆者はバブル崩壊直後の資産査定責任者、リーマンショック時のリスク管理責任者として合計5回の立入検査に対応した経験があります。「健康診断」という意味では有意義な制度でしたが、安全第一の経営になってしまいました。

金融仲介機能のベンチマーク

	項目	ベンチマーク
共通	経営改善や成長力の強化	メインバンク先のうち経営指標の改善等が見られた先
共通	抜本的事業再生等による生産性の向上	貸付条件の変更を行っている中小企業の経営改善計画の進捗状況
共通	抜本的事業再生等による生産性の向上	金融機関が関与した創業、第二創業の件数
共通	抜本的事業再生等による生産性の向上	ライフステージ別の与信先数、融資額
共通	担保・保証依存の融資姿勢からの転換	事業性評価に基づく融資を行っている与信先数、融資額、その割合
選択	事業性評価に基づく融資等、担保・保証に過度に依存しない融資	評価結果やローカルベンチマークを提示して対話を行っている取引先数
選択	事業性評価に基づく融資等、担保・保証に過度に依存しない融資	事業性評価に基づく融資を行っている先の融資金利と全融資金利との差
選択	事業性評価に基づく融資等、担保・保証に過度に依存しない融資	地元の中小企業与信先のうち、無担保与信先数、無担保融資額の割合
選択	事業性評価に基づく融資等、担保・保証に過度に依存しない融資	地元の中小企業与信先のうち、根抵当権を設定していない与信先の割合
選択	事業性評価に基づく融資等、担保・保証に過度に依存しない融資	地元の中小企業与信先のうち、無保証のメイン取引先の割合
選択	事業性評価に基づく融資等、担保・保証に過度に依存しない融資	信用保証協会保証付き融資額の割合、100％保証付き融資額の割合
選択	事業性評価に基づく融資等、担保・保証に過度に依存しない融資	経営者保証に関するガイドラインの活用先数、全与信先数に占める割合

出所：金融庁「金融仲介機能のベンチマーク」平成28年9月の一部を抜粋のうえ簡略表記

　今後は事業性を評価することが求められます。平成28年9月に金融庁から「金融仲介機能のベンチマーク」が出されました。

　ローカルベンチマークは、経営者と金融機関が同じ目線で対話できるように作成されたツールで、「財務指標」6つ（売上高増加率、営業利益率、労働生産性、EBITDA有利子負債倍率、営業運転資本回転期間、自己資本比率）と、「非財務情報」4つ（経営者への着目、関係者への着目、事業への着目、内部管理体制への着目）から構成されています。

　知的資産経営報告書は知的資産を「見える化」して自社の事業価値の源泉を再認識する上で重要です。信用金庫の中には、中小企業診断士に事業性評価書の作成を依頼するところも出てきています。

4．経営者保証
(1) 経営者保証ガイドライン制定の経緯

平成17年4月から民法改正により包括根保証が禁止となりました。平成18年3月には中小企業庁通達「信用保証協会における第三者保証人徴求原則禁止」が出され、政府系金融機関では例外的な対応を除いて第三者から保証人徴求を行わないことになっています。

民間金融機関に対しては、金融庁が平成23年に「監督指針」を改正し、経営者以外の第三者の個人保証を求めないことを原則とする内容としています。

個人保証制度の見直しに関しては、中小企業庁と金融庁が共同で研究会を設置して検討を進めました。平成25年5月には全国銀行協会と日本商工会議所が共同事務局となり研究会を設置し、関係者を集め、中小企業庁、金融庁、法務省等がオブザーバー参加して検討が行われました。

その成果物が、平成25年12月に策定された「経営者保証ガイドライン」です。それぞれが主張して、最終的に合意したものですが、ガイドラインには明示的な数値基準がありません。各金融機関はガイドラインの定性要因を忖度して対応することとなっており、金融機関の取組にはかなりのばらつきが見られます。

(2) ガイドライン3条件

中小企業に求められる経営状況として3条件が示されています。法人と経営者との明確な区分と分離では、法人の資産と経営者の資産を明確に分けること、法人から経営者への貸付は行わないこと、役員報酬は社会通念上適切な範囲であること等が求められています。

中小企業に求められる経営状況

	項目	内容例
①	法人と経営者との明確な分離・分離	資産の分離。経営者への貸付は行わない 等
②	財務基盤の強化	収益で借入金を返済できること
③	経営の透明性確保	財務状況を把握し適時適切な情報開示を行う

（3）金融機関における検討項目

債権者における対応

	内容
イ	法人と経営者個人の資産・経理が明確に分離されている。
ロ	法人と経営者の間の資金のやりとりが、社会通念上適切な範囲を超えない。
ハ	法人のみの資産・収益力で借入返済が可能と判断し得る。
ニ	法人から適時適切に財務情報等が提供されている。
ホ	経営者等から十分な物的担保の提供がある。

出所：「経営者保証に関するガイドライン」p5,6

　金融機関は、法人からの要請により経営者保証を外すことを検討する際に、中小企業に求められる3条件に加え、十分な物的担保の提供があるかを吟味の上で判断するとなっています。

　このガイドラインは担保を提供し、かつ経営者保証を行っている場合において、検討すべき内容を定めているということになります。

　平成28事務年度の金融庁レポートでは担保により100％保全充足されている先に対して、94％から個人保証を重ねて徴求していると指摘しています。調査対象となった融資残高4.7兆円に対して、担保設定5.7兆円＋経営者保証5.0兆円＝10.7兆円と実に融資残高の2倍以上の保全を行っています。

　この数値は、ガイドライン3条件が揃っていないほか、会社経営に責任を持たすための「規律として保証」を求めることが実務慣行として広く行われている結果と推察できます。この規律として保証を求めることについて再考すべきとされているわけです。

　かつて昭和60年前後に発生した融資バブルがはじけ、不良債権が増加した際に、経営者の中には、担保がついている物件を勝手に関連会社名義にし、あるいは担保物件の処分を妨害することもありました。

　経営者の規律という観点から経営者保証を求めれば、経営に前向きになるし、いざという時に担保処分においても協力願えるというわけです。そのために、「規律としての保証」が実務慣行となっているわけです。

（4） 経営者保証に依存しない融資

平成28年度における実績（件数ベース）

業態	政府系金融機関	地域銀行	信用金庫
割合	32.4%	13.5%	2.5%

出所　政府計金融機関は中小企業庁のHP
　　　地域銀行は金融庁の平成28事務年度金融レポート
　　　信用金庫は筆者の調査

　経営者保証に依存しない融資の割合は、政府系金融機関では政府の方針を反映して新規融資のうち32.4％（金額ベースでは50％）まで増えています。

　これに対して民間金融機関では、地域銀行が13.5％、信用金庫は数社のディスクローズ資料を見た限りでは概ね2.5％程度とみられます。

　地域銀行は地方における中心的な金融機関であり、信用力の高い会社への融資では経営者保証は必要ないので、この数値は決して高い数字ではありません。

（5） 事業承継と経営者保証

　事業承継時のアンケートで、代表者交代時に旧経営者の個人保証を外さなかったが、68.3％を占めています。

代表者の交代時における個人保証の解除・徴求状況

		新経営者の個人保証		
		合計	徴求しなかった	徴求した
旧経営者の個人保証	解除した	31.6%	7.6%	24.0%
	解除しなかった	68.3%	20.2%	48.1%
	合計	100.0%	27.8%	72.1%

出所：金融庁「平成28事務年度金融レポート」平成29年10月p33を加工

　中小企業の利益配分は、大別すると社長親族に手厚く配分して会社には利益を残さないパターン（親族優先型）と、会社の成長を考慮して会社に利益蓄積するパターン（会社優先型）の二通りに分けることができます。

　親族優先型の典型は、社長報酬3,000万円、奥様が経理担当、母親を監査役とし、不動産は社長名義で会社から賃借料を徴収するケースです。この場合は、会社ではなく社長への与信と考えて融資しますので、ご子息が新社長となっても、先代社長の個人保証は解除しないのが普通です。

金融検査マニュアル別冊（中小企業融資編）にも、会社と個人が実質的に一体化している場合には、それをみて資産査定すべきと記載されていました。

(6) 経営者保証に代替する融資手法

経営者保証ガイドラインには、金融機関は、停止条件又は解除条件付保証契約、ＡＢＬ、金利の一定の上乗せ等の経営者保証の機能を代替する融資手法のメニューの充実を図ることが記載されています。

停止条件付保証契約とは債務者が特約条項（コベナンツ）に抵触しない限り保証債務の効力が発生しない保証契約であり、解除条件付保証契約とは主たる債務者が特約条項（コベナンツ）を充足する場合は保証債務が効力を失う契約です。

例えば、2期連続経常赤字となった場合には保証をつける特約や、純資産が●億円になれば経営者保証を外すという特約も考えられます。

最近は、地方銀行等が日本政策金融公庫のローン担保証券（CLO）を利用して、一定の保険料を支払って無担保無保証のリスクをカバーする動きが活発です。

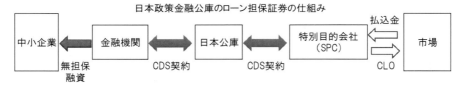

日本政策金融公庫のローン担保証券の仕組み

リスクを分解する仕組みは30年以上前からあり、金融工学の発展とともに高度化しました。ローン担保証券やクレジット・デフォルト・スワップ（CDS）を使えば、損失リスクを転嫁できますので、今後は経営者保証を外す道具として利用が一般化していくと想定します。金融機関は0.3％程度の金利を上乗せして貸出し、その上乗せ分をCDSの費用（保険料）として支払います。

なお、ローン担保証券（CLO）に関しては、拙著「格下げは事前に予測できる社債格付の基本」（税務経理協会）ｐ88〜99に構造と内在するリスクについて解説していますので、興味のある方はご参照ください。

(7) 無担保無保証の融資

① 信用保証協会

信用保証協会では、経営者保証を外す基準を定めています。下記内容は、金融機関が信用保証協会に提出する資格要件申告書の一部です。

信用保証協会の「経営者保証ガイドライン対応保証」資格要件

```
（1）法人と経営者個人の資産・経理が明確に分離されている。
（2）法人と経営者の間の資金のやりとりが、社会通念上適切な範囲を超えていない。
（3）法人から適時適切に財務情報などが提供されており、融資実行後も提供する。
（4）資産・収益力で借入返済が可能であり、要件1か要件2のいずれかに該当する。

要件1  無担保無保証人要件
       以下の①を充足し、かつ②または③のいずれか1項目を充足する。
要件2  有担保無保証人要件
       不動産担保等にて保全が図られ、以下の①から③のうち1項目以上を充足する。
       ①  自己資本比率が20％以上
       ②  使用総資本事業利益率が10％以上
       ③  インタレスト・カバレッジ・レシオが2.0倍以上
```

注：資格要件申告書の一部を簡略表記

なお、経営者保証ガイドライン対応保証制度は、平成30年3月末で廃止され、4月からは一定の財務要件または十分な担保提供がある場合には、経営者保証を不要とする新たな運用制度が開始される予定です。

② 日本政策金融公庫（マル経融資）

商工会議所や商工会などの経営指導を受けている小規模事業者の方が、経営改善に必要な資金を無担保無保証人で利用できる制度です。

融資限度額は2,000万円となります。

③ 日本政策金融公庫（中小企業経営力強化資金）

新事業分野の開拓のために事業計画を策定し、外部専門家（認定経営革新等支援機関）の指導や助言を受けている方が対象です。一定の場合に、無担保無保証人で借入可能となります。

④　日本政策金融公庫（経営者保証免除特例制度）
　次の要件を満たす方が対象となります。この条件は以前と比べると非常に進歩したものとなっており、多くの中小企業で取組できる内容と思われます。

利用者	1	税務申告を2期以上実施し、かつ、事業資金の融資取引が1年以上あり、直近の1年間、返済に遅延がないこと。
	2	次の(1)および(2)のいずれも満たすこと。 (1)最近2期の決算期において減価償却前経常利益が連続して赤字でないこと。 (2)直近の決算期において債務超過でないこと。
	3	法人から代表者への貸付金・仮払金等がないこと。
利率		適用する融資制度の利率に0.2％上乗せされます。

(8) 連帯保証債務を減らす方法
　中小企業の事業承継において、後継者にとっては借入金の連帯保証が重荷になっていることが往々にしてあります。連帯保証を圧縮する対策として以下のものが考えられます。

①　不動産等を処分して借入金を圧縮すること
②　運転資金やコストを圧縮して、借入金を減らすこと
③　拘束性の預金があれば、それと借入金の相殺を提案すること
④　経営者保証ガイドラインの３条件を満たす努力をすること
⑤　「内部格付」をあげるための要件を確認し経営改善に努めること
⑥　借入先を分散化して、保証解除を交渉してみること
⑦　金利を上乗せしてでも保証を外すべきか検討すること
⑧　停止条件や解除条件付き保証契約への切り替えを申請してみること
⑨　日本政策金融公庫の経営者保証免除特例制度を活用すること
⑩　信用保証協会の経営者保証ガイドライン対応保証の申し込みをすること

　また、業績が悪く、借入金圧縮も困難で経営の先行きに後継者が自信を持てないのであれば、後継しないという選択肢も検討すべきです。
　後継者として会社を引き継ぐわけですので、ある程度の借入と保証はやむをえませんし、それだけの決意がなければ、承継すべきではありません。

5．廃業と整理
(1) 廃業と整理の概念

廃業とは会社を「解散」して「清算」することです。

会社を消滅させるには株主総会で解散決議を行って、解散後に清算という手続きを経る必要があります。普通清算は債権を回収し債務を支払ったのちに残った財産を株主に分配する手続きです。これに対して、借入金が多くて債務を全部返済できない場合には特別清算か破産となります。

会社経営者からみれば、会社売却、事業譲渡、合併も廃業の1つとみることができます。休眠会社とするのも事実的な廃業と考えることができます。

廃業（概念的分類）

清算	普通清算	資産超過
	特別清算	債務超過
	破産	債務超過
譲渡	会社売却	M&Aで売却
	事業譲渡	一部を譲渡
	合併	他社と合併
休眠	休眠会社	事実上の廃業

整理

法的整理	再建型	民事再生
		会社更生
	清算型	破産
		特別清算
任意整理		中小企業再生支援協議会
		地域経済活性化支援機構
		特定調停

(2) 普通清算

実質債務超過でない場合には、株主総会の特別決議により解散を決議し、その後に清算人が清算手続きを行う。清算人は通常は代表取締役が就任します。すべての債権者に満額の弁済を行った後、株主総会で決算報告の承認を受け、法人格の消滅にかかる登記を行って、清算手続が終了します。

普通清算を行う場合には、概ね次のような流れとなります。

① 借入がある場合や主要取引先とは予め相談しておきます。主要な従業員に前もって知らせるべきです。なお、労働基準法では少なくとも30日前には解雇予告をしなければならないと定められています。
② 株主総会で解散決議し清算人を選出します。清算人は弁護士に委任すれば円滑に処理できますが、社長が清算人となることも可能です。
③ 清算人は解散登記をし、同時に清算人選任登記もします。清算中の会社は営業活動ができなくなります。

④　解散公告を官報に掲載します。なお、買掛金等の債務は解散公告から2カ月間は返済ができないので解散前に支払いすべきです。
⑤　解散時の財務諸表を作成し株主総会の承認を得ます。会社法上は清算価格（時価）で作成します。
⑥　資産負債については換価処分して回収と支払いを行います。従業員には就業規則等にしたがって退職金を支払い解雇します。
⑦　残余財産が確定したら会社法に即して決算報告書を作成し株主総会の承認を得ます。残余財産を分配して、法人格を消滅させます。
⑧　法務局で清算結了の登記を行い、税務署で清算確定申告をします。

　普通清算する場合には、税理士報酬として解散と清算結了の2回の確定申告、司法書士には解散登記や清算結了登記などを依頼します。その場合には登記費用も含め30〜40万円程度の費用が必要といわれています。

(3) 特別清算

　普通清算手続を開始した後に、実質債務超過が判明したときは、清算人は破産または特別清算の申立義務を負います。債務超過かどうかの判定は簿価ではなくて時価で考えます。登記申請書に添付される決算報告書により債務超過の事実が判明する場合、登記は受理されません。

　特別清算は債権者の数が少なく合意を得やすい場合に利用できます。特別清算は破産よりも自由度が効き、社長が引続き清算人となることも可能です。

	特別清算	破産
利用	清算中の株式会社のみ	すべての法人、個人企業
申立時期	解散後	解散前あるいは解散後
財産管理	株主総会で選任した清算人	裁判所が選任した破産管財人
債権者の同意	3分の2以上	同意不要
負債処理	ある程度の自由度がある	すべての債権者に平等返済
費用	協定や和解見込があれば数万円	少額管財事件でも20万円以上

出所：武田哲男著「自分の会社を廃業する手続きのすべて」（ぱる出版）p77

　債権者集会では示した協定案に対して、出席した議決権者の過半数の同意およ

び議決権者の総議決権の3分の2以上の同意が得られれば可決され、同意が得られないと特別清算ではなく破産手続きに移行することになります。

特別清算は管財人に報酬を払う必要がないことから、破産と比べると費用が安くなります。

(4) 破産

破産手続は実質債務超過の場合に裁判所の関与の下で公平な弁済を実施するための手続きです。清算型として特別清算と破産がありますが、実際には破産が殆どです。特別清算は会社法による手続きですが、破産は破産法を根拠とします。

破産手続は会社または債権者が裁判所に申し立てることで開始します。破産の申し立てがなされると裁判所が「管財人」(弁護士)を選任し、管理権は代表取締役から管財人に渡ります。その後の破産手続の一切は管財人が行います。

財産が換金され債権者に配当します。税金や従業員給与は優先弁済されます。抵当権などの物的担保を有する債権者は担保処分して優先的に回収できます。

破産前に行った不公平な弁済(偏頗弁済)は管財人に否認されます。

破産をするにもコストがかかります。申立時点で裁判所に積む予納金(管財人の報酬になる)が必要です。申立ては弁護士に依頼するのが普通ですので、その弁護士報酬も必要です。これは予納金の1倍〜1.5倍程度と言われています。

予納金(東京地裁)　　　　　　　　万円

負債総額	法人	個人
5,000万円未満	70	50
5,000万円　〜　1億円未満	100	80
1億円　〜　5億円未満	200	150
5億円　〜　10億円未満	300	250

(5) 経営者の自己破産

中小企業では社長が借入金の連帯保証人になっており、会社が破産した場合には同時に自己破産するケースが多くなります。

個人資産を売却すると売却益に所得税が課税されますが、社長が金融機関に保証債務の履行をするために不動産を売却した場合、その譲渡所得はなかったもの

とされ課税されない特例（所得税法64条）があります。

　法人の場合には会社財産はすべて換価処分されますが、個人の場合にはそれでは生活できないので、処分されない個人財産が法的に認められています。それが「自由財産」で、主な中身は①差押禁止財産（給料や年金等）、②99万円以下の現金（預金は含まれません）です。

　破産コストは、少額管財事件として扱われる場合には20万円＋αで収まります。少額とは裁判所に納める破産手続き費用が「少額」で済むということです。

　少額管財では弁護士が代理人として申立てを行いますが、事前に経営悪化状況や債権者状況等の必要資料を整備します。破産管財人はこうした資料を引き継いで申立弁護士と連携して進めるので迅速、簡素化できるわけです。

　なお、自己破産しても税金は免除されませんので、留意が必要です。

(6) 特定調停

　経営不振に陥った中小企業が裁判所に申し立て、債権者である金融機関の同意を得て借入金の減額や返済方法の変更等を認めてもらう制度です。再生を目指す場合のほか、廃業を行う場合にも利用できます。

　特定調停の特徴として4つをあげることができます。
　① 関係者の合意に拘らず経済合理性がない場合は調停不成立となること
　② 民事執行手続を無担保で停止できること
　③ 関係者が全員集まらなくても調停条項案の書面受諾ができること
　④ 民事調停法17条に基づく「17条決定」が適用できること

　「17条決定」とは裁判所が職権で、当事者双方の申立ての趣旨に反しない限度で出される調停条項案です。告知日から2週間以内に異議が出されなければ、裁判上の和解と同一の効果が生じます（民事調停法18条）。

　このスキームで金融機関が貸付金の債権放棄を行った場合には、金融機関は無税で償却できますので、金融機関としても利用する価値があります。

　申立費用は数万〜数十万円の印紙代のみで、弁護士費用も手続きが簡単なので安く済みます。

(7) 休眠

普通清算するにせよ一定のコストと時間がかかります。何の手続きもせずに業務のみを辞めてしまうことは避けるべきですが、実際には休眠として会社の「休業」を選択することもあります。

税務署や都道府県税事務所に「休業届」を出せば済むのですが、あくまで休眠状態であり、会社は存続するので税務申告は必要です。法人税はかからなくても、法人住民税の均等割が発生することがあります。

なお、登記が12年間されていない会社は「休眠会社」(会社法472条)とされ、その後に自動的に解散登記がされます。

(8) 廃業費用

廃業費用には、登記費用、設備破棄、在庫の廉価販売、店舗等の現状復帰費用等があります。古い統計ですが、小規模企業では100万円程度かかっています。

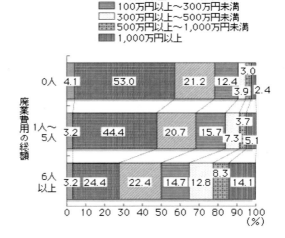

資料：中小企業総合事業団「小規模企業経営者の引退に関する実態調査」(2003年12月)
(注) 他の人に事業を譲らずに「廃業・清算した」回答者のみを集計した。

第 2 部
支援事例 20

事例1　経営基盤の拡充と承継計画

1．会社概況

PL　　　　　　　　　　　　　　　百万円

	31期	32期	33期
売上高	100	130	180
売上原価	75	95	130
売上総利益	25	35	50
販売管理費	20	20	35
営業利益	5	15	15
当期純利益	3	10	10

役員と株主（相談開始時）

氏名	役員	同族	株式	その他
A	代表取締役	本人	50%	
B	専務取締役	弟	50%	
C	経理	姉		
D	営業部長	長男		相談者
E	製造	弟の息子		

　当社は精密機械加工をおこなっている。社長（68歳）と弟の専務（66歳）の共同経営である。社長Aの長男Dが事業承継について相談したいということで来所された。まだ、35歳と若く肩書は営業部長となっている。話し方は落ち着いており、実際の年齢よりも年上に見える。従業員が10人程度で社長から息子への承継のため大きな問題はないはずである。

　決算書を拝見して驚いたことは、売上高の急速な伸びである。今時、精密機械加工でこれだけの成長を果たす会社は稀である。販売管理費が前期増加したために、営業利益では前期並みとなっている。これは設備投資をした工作機械を特別償却したことで膨らんだものであり、実質的には相当な増収増益基調である。

　売上拡大の立役者はD部長の営業努力にあった。大学卒業後、他社勤務を経て当社に入社。最初の2年間は工場で精密機械加工に従事し一通りの技術を身に着けた後、3年前に営業担当となった。売上の過半は特定の会社に依存していたが、それを脱却したいとして営業強化を目指したものである。

2．自社株式の承継

　現社長は2代目である。3人兄弟で、兄が社長兼本社工場長、弟が第二工場長で、姉が経理を担当している。会社株式は兄と弟が50%ずつ保有。本社工場は兄が所有し会社に貸し、第二工場は弟が所有し会社に貸している。いわば2つの会社が1つになっているのだ。

　兄弟2人とも職人気質で、いざとなれば会社を分ければよいと考えている。姉は株主でも取締役でもないのであるが、兄弟の折り合いが悪い時には仲介に入る。その際には姉の判断が尊重されることになる。中小企業では、役員でもない親族

が大きな影響を持っていることがある。

　D部長は今後も拡大が見込めることから本社工場を新しくしたい。父親の社長は当初難色を示していたが、過去3年間の実績は疑う余地もなく、事業拡大策に賛同する運びとなった。姉を含め3兄弟の話し合いの結果、社長が自己資金を投入するのであればよいとの結論に至った。

　1億円の投資を行うことになり、7,000万円を銀行から借入し3,000万円は社長が資金を出すことになった。当初、社長は3,000万円を会社に貸す予定であったが、増資することで決着がついた。

　本来、10万円の出資としても持株比率は50％を超えるので、よしとすべきであった。3,000万円も出資したら、D部長氏が株式承継する上で負担が増えてしまう。その一方で70％程度の持株比率となると想定され、3分の2を超え支配権確保という意味では大きな進歩とも思えた。

　2カ月後に訪問。顧問税理士Xの株価算定に基づいて増資した結果、社長の持株比率は63％となったと伺い耳を疑った。納得できないので、専門家としてY税理士を派遣して調査した結果、顧問税理士は会社の利益が急増していることから、前期末ではなく、今期上半期末の数字を使って株価を計算していたことが判明した。顧問税理士の判断は、上期に大きな利益がでているので、前期末を基準にすると専務である弟との公平さが欠けるというものであった。

　社長の希望もあり、Y税理士には社長の相続税を試算していただいた。一戸建て自宅はあるものの、さほど大きくはなく、また多額な金融資産もないので、心配したほどの相続税はかからないという結果であった。

　Y税理士は、会社の成長が見込めるので、相続時精算課税制度を利用したらよいとの提案を行った。社長はX顧問税理士に対して以前から不満であったようで、今回の株価算定事件を機に、顧問税理士を代えたいようである。

3．経営の承継
(1) 社長の交代時期

　事業承継においては、いつ社長の座を承継するかを決めることが重要である。ところが親子で正面を見て承継時期の話をしているケースはそれほど多くはない。大概の場合、時が経てばとか、息子が成長すれば、と明確になっていない。社長

Aと部長Dを前にして話題を向けてみた。

　社長A「いつまでも社長をするつもりはない。専務の同意も必要なので、いずれ専務に相談してみる。」

　部長D「社長をしろと言われれば、する覚悟はできている。今の時点で自分から社長に辞めろとは言えない。」

　お二人に話し合って欲しいとしてその場は終了した。翌月訪問したが、多忙だとか、なんだとか理由をつけて話し合われていない。そこで、事業承継計画表を作成することを示唆し素案を持参した。やや強引であったが、素案には3年後に事業承継することを記載しておいた。

　いろいろと話をしてみると、社長は社長を譲ることに拘りはないが、その後の立場に不安を抱いていることが分かった。体力の続く限り、現役として工場で精密機械加工作業することを強く望んでいる。3年後に社長を譲るとして、社長は代表権のない会長となり、精密機械加工を続けることとなった。

(2) 後継者の取締役就任

　新しい本社工場がめでたく完成した。居抜きで買って多少の手直しをしたものであるが、前の工場とは天と地の違いがある。広さは優に2倍、工作機械も整然と置かれ、レイアウトや動線もすっきりした。

　経営承継という視点に立てば、D部長を早期に取締役にすることが望ましい。経営承継円滑化法を利用する場合に後継者は3年間取締役であるという要件も視野に入れておく必要がある。

　ところが、専務が取締役就任に猛反対した。専務の息子Eが昨年入社し、第二工場で精密機械加工を行っている。まだ、半人前であるが、専務は自分の息子も同時に取締役にすべしと強硬である。さんざん揉めたあげく、D部長を取締役にするが、専務の息子が一人前になれば取締役にすることで決着した。

4．経営計画の策定

　D部長は10年後に従業員30名の会社にすることが夢である。そこで、次のような提案を行った。

① 経営理念の開示

　会社を大きく発展させるという思いを「家業から企業に」という経営理念として示すことを提示した。社長も専務も仕事がなくなれば、工場をたたむと考えていた。それでは家業だ。将来ビジョンを示せば、従業員がついてくる。従業員にとっても、いつ消滅するかわからない会社では不安で定着しない。

② 長期経営計画の策定と体制整備

　将来目標は10年後の売上高10億円、営業利益1億5,000万円、従業員30名とした。そのために5カ年計画を策定する。体制の整備も必要となる。営業部の位置づけを明確にし、そのトップとしてD部長を取締役として据える。

③ 月次ミーティング

　本社工場が広くなったので、毎月、全従業員を集めて月次ミーティングをする。その場で、長期経営計画の説明、会社決算の開示、各メンバーからの発表等を行うことで、会社の一体感が実現できる。業績好転は明らかにD部長の手柄だ。それを従業員が認識し、会社の成長を目の当たりにすれば、D部長の後継者としての地位も高まること請け合いである。

④ 特定退職金共済の加入

　従業員が長く安心して働けるように福利厚生を充実させたいとの要望があったので、特定退職金共済への加入を提案した。また、儲かれば利益の一部を還元する仕組みを取り入れることとなった。

⑤ 事業承継計画

　持株は初年度に相続時精算課税制度を利用して一部をD部長に移し、4年目は経営承継円滑化法で残りの株式を移す計画だ。

		1	2	3	4	5
経営計画	売上	220	250	280	310	340
	営業利益	33	38	42	47	50
親子	A	代取社長	代取社長	会長	会長	会長
	D	取締役	取締役	代取社長	代取社長	代取社長
株式	A	51%	51%	51%	0%	0%
	B	37%	37%	37%	37%	37%
	D	12%	12%	12%	63%	63%
従業員		11	13	14	16	17

事例２　親族内における円滑な承継

１．相談の経緯

決算（直近期）	百万円
売上高	300
当期純利益	10
現金預金	40
借入金	160
純資産	△20
資本金	10

役員と株主（相談開始時）

氏名	役員等	関係	株式	その他
A	代表取締役	本人	50%	
B	専務取締役	弟	25%	相談者
C	営業部長	長男		相談者
D	製造部長	次男		
		名義株	10%	
		友人3名	15%	

　A社長は創業者で70歳となる。片腕は弟のB専務64歳。A社長には2人の息子CとDがおり、仕事を手伝っている。A社長はキャンピングカーで年間半年は国内各地を旅行しており、実際の経営は弟のB専務に任せている。

　長男Cは既に45歳となるので、事業承継をどのように進めるかについて相談を開始した。

２．経営状態

（1）業界と当社の位置づけ

　弁当業者は大手から中小まで中食ブームで上昇トレンドとなっているところが多い。事業所と契約して朝注文を取りオフィスに昼食を届ける業者、街中で弁当を販売する業者、イベント向けに提供する業者等がいる。近年ではコンビニが弁当に注力しており、強力なライバルとなっている。

　当社は大手事業所と契約して注文を基にした販売のほか、大手事業所の一角で販売を行っている。

（2）損益状況

　売上高は3期間をみると3億円前後であるものの上昇トレンドにある。債務超過の原因は、バブル時に買った本社用地を処分して新工場を建設したためである。業績はここ数年、当期純利益は10百万円前後を維持している。

3．資産の承継
(1) 株主の分散
　株主は7人、設立当時のメンバーだ。4人兄弟でA社長が長男、B専務は次男だ。姉と三男は名義株主である。それ以外に友人3人に出資をしていただいた。

　名義株については、名義株である旨を明記した書類を作成し実印を押印ねがった。友人3人については、当初の出資金（1人50万円）で株式を買い戻すことで話を進め快諾を得ることができた。

(2) 連帯保証
　長男が承継した場合には、長男が社長とともに連帯保証人に加わることになると考えられる。長男の覚悟は決まっていた。毎年、一定の黒字を計上しており、今後の頑張りにより、借入金は収益力で十分に返すことが可能と考えている。

4．経営の承継
(1) 当社の戦略と強み
　まずは、経営理念の構築から始めた。後継者の拘りは次の3つである。
　　① 美味しさに拘る。価格競争はしない。
　　② 品質管理は食品衛生基準より10倍厳しくする。
　　③ 時間厳守で届ける。遅滞ゼロを目指す。

　コンビニ弁当は500円程度のワンコイン弁当が多く、オフィス配達業者は意識して500円以下で提供している。当社の弁当は高く価格帯が異なる。

　品質管理に関しては、行政機関のほか、民間の検査専門会社の定期検査を受けている。入口にはエアーシャワーを設置し、作業者の体調管理を含め万全の体制を敷いている。揚げ物は中心温度計で一釜毎にきちんと揚がっているかをチェックしている。

　弁当の配達時間厳守は重要である。そのための配達スタッフが揃っている。今までに遅延で問題になったことはない。

(2) 後継者教育を兼ねた損益改善
　専務Bと社長息子CDを入れて何度か経営について意見交換した。SWOT分析

をしてもらった。強みは、味の良さ、短時間配達、安定取引先、衛生管理レベルの高さ。弱みは従業員の高齢化、味の伝承、財務基盤の弱さなどであった。

次は、当社決算書を基にした分析検討だ。売上高食材比率は40％と高い。食材比率が高いのは売上単価が低いのか、材料全部が高いのか、特定の材料が高いのか等々について検討した。

当社は同業他社の同じ価格帯の弁当と比べると、高い材料を利用していることが分かった。特にコメは安価なものでは冷めるとまずくなるので高いブランド米を使用していることが原因の1つと判明した。

当社として、もっと安いコメにするのかどうか議論したが、それは顧客満足に反するので、高いコメを使用継続する。ただしその調達先は過去20年同じであり、他からの調達も考えることになった。

レシピから弁当種類毎の売上高、売上原価（食材費）、売上数量が分かるはずだ。種類毎の粗利、配達事業所毎の粗利が掴める。配達員や販売員の人件費を加えて損益をみることを行った。その結果、採算の良い事業所と悪い事業所が明確に区分できるようになった。

(3) 後継者Cの営業

長男Cは弁当の製造から配達までを担当していたが、売上低迷に危機意識を持ち、少し前から空いた時間に営業するようになった。肩書は「営業部長」である。

今回のアドバイスを基に1枚の紙に当社の強みを表現したパンフレットを揃え、弁当見本持参で大手の事務所に営業に回ることになった。どの事業所や団体を目標にするかについても検討した。

(4) 承継時期

A社長は実質的にはB専務に経営を任せている。元々、細かな数字は苦手であり、女房役のB専務が社内を仕切っていた。B専務としてもぼちぼち承継の時期ということは話をしても、社長に退任を迫る必要もなく、A社長の気持ちが変わるのを待つという選択肢となり、結局、そのうちに承継するだろうとみていた。

A社長と面談した。キャンピングカーの話で盛り上がった。A社長は社長業をほとんど行っていないものの、月40万円の役員報酬をえており、それを小遣いと

して旅行を楽しんでいた。社長を引退すると、小遣いがなくなることを心配しているという側面を垣間見ることができた。

長男Cは成長し、十分に社長業が務まるので、A社長は会長なり、退職金と会長としての報酬を基にした体制に移行することを提案し背中を強く押した。

5．承継計画
(1) 承継計画表

計画1年目にCとDを取締役に選任。2年目にCを社長、Dを専務に交代する案とした。A社長には退職金を払い報酬は月20万円に下げる。

事業承継計画　　　　　　　　　　　　　　　　　　　　　　百万円

		現在	計画1	計画2	計画3
計画	売上高	300	320	340	360
	当期純利益	10	15	20	25
経営陣	A社長	代表取締役社長	代表取締役社長	取締役会長	取締役会長
	B専務	専務取締役	専務取締役	（退任）	（退任）
	C長男		取締役	代表取締役社長	代表取締役社長
	D次男		取締役	専務取締役	専務取締役
株主	A社長	50%	50%	50%	0%
	B専務	25%	50%	50%	0%
	C長男	0%	0%	0%	60%
	D次男	0%	0%	0%	40%
	その他	25%	0%	0%	0%
	合計	100%	100%	100%	100%

(2) その後

その後、長男Cは取締役となり営業開拓においても熱が入ったことと、相手先からの信用度も増したことで新規事業所の開拓が進んだ。

A社長も決断し、計画では2年目に社長交代であったが、実際には計画策定からわずか半年後に社長交代を果たしている。

新社長Cは事業拡大のために従業員がきちんと働ける仕組みが必要と考えている。時間外の残業が増加基調にあり、大手事業所以外のイベントも受注するようになったので、場合によっては早朝からの製造も必要となった。このため、社会保険労務士を専門家として紹介し、就業規則の見直しを行って「変形労働時間制」を取り入れている。

面談は16回に及んだが、円滑に承継できた事例である。

事例3　後継者育成と事業承継計画

1．相談の経緯

百万円

決算	前期	今期
売上高	130	150
当期純利益	2	8
総資産	58	70
借入金	20	20
純資産	△2	6
資本金	10	10

役員と株主等（相談開始時）

氏名	役員	関係	株式
A	代表取締役	本人	60%
B	取締役	奥様	40%
C		長男	
D		娘婿	
合計			100%

　当社は介護事業を営んでいる。社長Aは数年前に病に倒れ、業績が悪化したが、ここ2年は回復基調にある。社長Aと奥様Bの二人三脚で経営してきたが、奥様Bは社長Aの看病や経営に伴う過労で病に倒れ、回復したものの万全というわけではなく、週に3日ほど経理の手伝いをしている。ご子息は長男C（兄）と長女（妹）であり、妹の夫Dが当社施設で働いている。

　社長は持病を患っており、まだ61歳ではあるが、早く承継することを望んでいる。そのための事業承継計画を作成したいということから相談を開始した。

2．経営状況

(1) 当社の介護事業

　当社は、居宅介護支援事業、訪問介護、通所介護の3事業を営んでいる。市場規模こそ拡大しているが、社会福祉法人を筆頭に医療法人や民間会社等が参入し、激烈な競争を繰り広げている。また、医療費の膨張に歯止めをかけるため、介護報酬の引き下げが数年に一度行われている。

　厚生労働省の「介護事業経営実態調査結果」をみれば、施設種類ごとの収支分布状況、経営主体別の損益など細かなデータを入手することができ、それと比較すれば当社事業がどの程度の収益レベルにあるかが一目瞭然でわかる。

　事業所の質を見るには「介護サービス情報公表システム」で検索すれば、評価項目ごとに何が優れているか、劣っているかがわかる。当社は、ほぼすべてにおいて平均を上回っており、良好な施設運営ができていることがわかった。

「居宅介護支援事業」は訪問介護を営む会社が利用者を確保するために経営するケースが多い。ケアマネージャーは利用者の計画作成時に系列の訪問介護施設を紹介するわけだ。ただし、すべて系列施設に紹介できるのではなく上限が設けられている。居宅介護支援事業は、ケアマネージャーの人件費が一般の介護職員よりも高く利益を出しにくい。また、ストレスが多く離職率の高さも課題となる。質の高い介護支援専門員の配置等を行っている事業所には特定事業所加算がつく。これを取得することで損益は改善できる。

　「訪問介護」はヘルパーが家庭を訪問して在宅のサービスを実施するものである。フルに働く人もいるが週に2～3日勤務の人も多い。ヘルパーは定期的に事務所に通っているわけではないので、帰属意識が低く孤独といわれる。ヘルパーの確保が大変であり、この事業を成功させるにはヘルパーから信頼される社員（常勤スタッフ）がいることが不可欠となる。いわばヘルパーもお客様なのである。収益管理は、新規利用者の獲得、社員稼働率、顧客単価の3つが主な要素となる。
　「通所介護」は通称「ショートステイ」と呼ばれる介護で利用者は施設に通ってくる。施設側とすると送迎が大変であり、なるべく長時間の利用により単価アップを図って利益を確保したい。

(2) 業績改善
　3年前まで赤字であり、メインバンクも融資に慎重になっていた。その危機を救ったのが長男Cである。
　通所介護は送迎の手間がかかるので、多くの事業所では1日5時間以上の長時間利用者を歓迎する傾向にある。当社は業績不振で利用者が少なかったこともあり、1日3時間程度の短時間利用者を積極的に受け入れた。短時間でも受け入れる施設は多くはなく、系列外のケアマネージャーから紹介が相次ぐことになり、利用率が急速に高まった。
　また、いったん利用すると利用者は長時間利用に切り替える場合でも同じ施設を利用することが多い。このことが奏効して利用率は98％と上限に近づいた。定員を超えると介護報酬にペナルティが課されるため、定員以上の利用者を受け入れることはできない。損益改善も目覚ましく、今期の当期利益は800万円に届く

見込みである。近隣に大きな収容能力を持つ建物を賃借する計画があり、これが実現できると収益はさらに改善できる。

3．資産の承継

前期末では、債務超過が多少残っているため、自社株式の価値は低く、承継する上での制約は少ない。株式は暦年課税でC君とD君に少しずつ渡していき、最終的に後継者を決めて公表した時点で、残りの株式を承継させれば済む。今後利益が出て内部留保の蓄積が進んだとしても社長退職金を支払うことをすれば、その期は赤字となることが想定できるので、株価はあまり高くはならない。

通所介護施設は賃借しているため大きな借入金はない。この業界では自社で建物を構築して多額な借金に苦しんでいる事業所も散見される。こういったネックがないため、資産の承継には大きな問題は見当たらない。

4．経営の承継

(1) 後継者選定

長男Cは大学卒業後印刷の仕事をしていたが印刷業界が不振で4年ほど前に当社に入社した。まだ、32歳と若い。通所介護のチーフである。介護施設で働く人の多くは老人の笑顔に生き甲斐を持ってサービスを提供している。C君は仕事には熱心ではあるものの、ややドライな面があり、採算に乗るかどうかを基準に考えることが多い。社長の外車を乗り回しており、なかなかのイケメンである。結婚して子供もでき、母親の援助で新築の家も購入し少しは落ち着いたようだ。

娘婿D君は、C君より2歳若い。卒業後すぐに介護業界に身を投じている。介護を生き甲斐にしている。当社には結婚を機に3年前に入社した。介護経験は7年とC君よりも長く、穏やかな性格で皆に好かれる好青年である。訪問介護チームで働いており、そのチーフを務める。

社長と何度も話合って事業承継計画の素案を作成した。社長はその案を基に、正月に長男長女家族が集まった席で、事業承継の話を切り出した。

C君の感想は、社長をしてもいいけど、その条件として通所介護チームのEさんを辞めさせることをあげた。社長にとっては青天の霹靂であった。Eさんは10年以上働いている中年女性である。ズバズバと忌憚のない意見を言うが皆から信

頼を得ている。どうも、C君に対して反対意見を述べることもあるようで、最後は、「あなたは将来社長になるのだから、皆が反対しないのよ！」というような内輪揉めとなるケースもあるらしい。

(2) 承継計画

　その話を聞いて、社長と再度相談した。そのような状況では、C君に社長は務まらない。そこで次の提案にたどり着いた。

① 長男C君よりも娘婿D君のほうが評判は良い。場合により、D君を承継者にする。C君もD君も後継候補者であり今の段階では序列をつけない。
② 現在、社長と奥様の2人が取締役であるが、C君とD君を同時に取締役にする。そして毎月4人で経営課題や運営状況について意見交換する。
③ C君は送迎車の運転などを含め下働きの仕事を与える。利用者との接点を増やし、今まで経験していないことをさせる。
④ 来年、施設を拡張するほか、別の場所で関連事業を展開する。C君を新事業の責任者として、どの程度まで経営できるのかを観察する。
⑤ C君は、メインバンクが開催している後継者塾にも参加させてマネジメントを学ばせる。時間があれば中小企業大学校のようなところに行かせる。

　C君が成長し、従業員や利用者の心がわかり、マネジメント力がついたと判断できれば社長にする。残念ながら、期待に反する状況となった時には、D君を社長にし、C君は別事業の担当として、場合により会社を分割する。

百万円

		今期	計画1	計画2	計画3
収益計画	売上高	150	150	180	200
	当期利益	8	8	12	12
経営陣	社長A	代取社長	代取社長	代取社長	取締役会長
	奥様B	取締役	取締役	取締役	(退任)
	長男C		取締役	取締役	代取社長
	娘婿D		取締役	取締役	取締役
株主	社長A	60%	50%	40%	
	奥様B	40%	30%	20%	
	長男C		10%	20%	60%
	娘婿D		10%	20%	40%
その他	機関設計		取締役会設置		
	事業拡大			通所拡張	

事例4　事業承継税制と種類株式

1．相談の経緯

決算（直近期）	百万円
売上高	1,200
当期純利益	50
総資産	1,000
借入金	200
純資産	600
資本金	50

役員と株主（相談開始時）

氏名	役員	同族関係	株主	その他
A	代表取締役	本人	90%	相談者
B	専務取締役	長男		
C		妻	10%	
D		長女		
E		次女		

社長は並行輸入を行って結構な財産を築き上げた。その後に、海外のアンティーク家具や雑貨類の輸入販売を行うようになった。

財務体質は良好である。業績は一定の利益を確保しているが、ここ数年横ばいであり、一時期ほどの勢いはない。

株式は社長が90%を保有。純資産が大きく、株式を長男、長女、次女にどのように承継させるか悩んでいる。

2．後継者教育

長男である後継者は、大学卒業後に中堅の卸売会社に就職し、主に営業畑を中心に歩んできた。5年前に当社に入社した。最初は現場で苦労する必要があるとのことから、物流部門に配属され、倉庫の仕入検品などの業務を行った。

3年前に取締役に昇格、昨年からは本社勤務となり専務取締役として企画と総務を担当している。

今回、長期経営計画を策定するためのプロジェクト立ち上げを提案した。後継者が中心となって次期経営3カ年計画を策定する。社内から中堅で意欲のある者を選定しプロジェクトを設置し、1年間合計で10回開催した。最初は各部署で自分たちが抱える課題の説明と意見交換。意見交換の中では批判は控えるようにして実施し、終了後は親睦を兼ねて何度か懇親会を開催した。

プロジェクトの進捗は、各メンバーが上司にまず報告するようにし上司のアドバイスをもらうようにしている。上司が疎外感を持つと後継者やプロジェクトに対してマイナスの影響がでる。

3．事業承継税制
(1) 要件の確認

社長は事業承継税制の話は顧問税理士から聞いていたが、従業員を長期間削減できないことと、削減するとペナルティが大きいこと、そして自社株式を担保に出すという点が気になって見送っていた。

法律改正で、従業員の8割維持要件を満たさなくなっても、売上低下などの理由があれば問題ないことを説明、ペナルティに関しては相続時精算課税制度を採用して申請していれば仮に要件未達となった場合にもリスクは抑えられること、そして株式担保に関しては質権承諾書を提出すれば済むことを説明した。

社長の長男は、35歳と若い。取締役として3年以上経過しており、事業承継税制を適用する要件に合致している。

贈与税の納税猶予制度の認定要件

①	先代経営者の要件	a	会社代表者であったこと	○
		b	贈与の直前において、先代経営者と同族関係者（親族等）で発行済議決権株式総数の50％超の株式を保有し、かつ、同族内（後継者を除く）で筆頭株主であったこと	○
		c	贈与時までに、代表者を退任すること（有給役員として残ることは可能）	○
		d	一定数以上の株式を一括して贈与すること　等	○
②	後継者の要件	a	会社の代表者であること	○
		b	贈与後、後継者と同族関係者（親族等）で発行済議決権株式総数の50％超の株式を保有し、かつ、同族内で筆頭株主となること　等	○
		c	20歳以上、かつ役員就任から3年以上経過していること	○

一括贈与株式
a　先代経営者が贈与直前に保有する議決権株式
b　後継者が贈与の前から保有する議決権株式
c　贈与直前の発行済株式の総数

区分	贈与する必要がある株式数
1　a+b ＜ c×2/3の場合	先代経営者が保有する株式の全て
2　a+b ≧ c×2/3の場合	先代経営者が保有する株式のうちc×2/3-b以上の株式数

事業承継税制上、経営者が後継者への贈与は一括して行う。先代経営者と後継

者が有している議決権数に応じて贈与する必要のある株式数が決まる。基本的には3分の2まで後継者に移すという観点からの規定だ。

発行済株式は1,000株で、社長は90％保有している。一括贈与すべき最低株式数は、667株であるが、今回の計画では700株を贈与する。

2年後に社長交代と株式の贈与を予定する。事業承継税制は、専門性の高い分野であり、相続税の切替確認など長期的な支援が必要なことから、実際に利用する場合には、専門の税理士を紹介することになる。

事業承継計画　　　　　　　　　　　　　　　　　　　　　　　　　百万円

		現在	計画1	計画2	計画3
計画	売上高	1,200	1,250	1,300	1,350
	当期純利益	50	55	60	65
経営陣	A社長	代表取締役社長	代表取締役社長	取締役会長	取締役会長
	B長男	専務取締役	専務取締役	代表取締役社長	代表取締役社長
株主	A社長	90%	90%	20%	20%
	B長男	0%	0%	70%	70%
	C社長妻	10%	10%	10%	10%
	合計	100%	100%	100%	100%

（2）遺留分への対応

相続税上の自社株式の価値は400百万円。現在は社長が90％保有している。事業承継税制で70％（280百万円）を後継者に贈与し、残り20％は相続時に長女と次女に相続させる予定だ。

自社株式以外には、ある程度の金融資産と自宅がある。自社株を長男に贈与すると、他の相続人の遺留分に配慮しないといけなくなる。

遺留分計算の際には、過去に行われた贈与（民法改正案では今後10年間）は特別利益として再計算の対象になる。今回の事業承継税制で贈与する分が計算に含まれるがそれ以外に特別利益となるものはない。

社長の保有資産のうち自社株式は、360百万円（相続税法上の価額400百万円×持株比率90％）、これに自宅と現預金を合わせて540百万円になる。

遺留分は法定相続の半分であるので、長女と次女の遺留分は8.3％となる。これに対する取得割合は9.3％となるので、遺留分の問題はクリアできる。

遺留分の計算　　　　　　　　　　　　　　　　　　　百万円

	金額	妻	長男	長女	次女
現預金	80	50	10	10	10
自宅	100	100			
自社株式	360		280	40	40
合計	540	150	290	50	50
取得割合		27.8%	53.7%	9.3%	9.3%
遺留分		25.0%	8.3%	8.3%	8.3%

4．配当優先議決権制限株式

　社長が相続で、長女と次女に渡す株式は配当優先議決権制限株式とする。社長が保有する普通株式を種類株式に変換するには、種類株式を発行することの特別決議をとることと、全株主の同意が必要となる。

　優先株式の配当1株4万円とすれば、長女と次女には毎年4百万円の配当を約束できる。当期純利益50百万円、年間配当を24百万円とした場合、配当性向48％、株主資本配当率は4％となる。

配当優先議決権制限株式　　　　　　　　　　　　　　　　　円

株主	株数（変更前）	議決権	配当（1株）	配当
B長男	700	700	20,000	14,000,000
C社長妻	100	100	20000	2,000,000
D長女	100	0	40,000	4,000,000
E次女	100	0	40,000	4,000,000
合計	1,000	800		24,000,000

5．連帯保証への対応

　後継者Bにとって気がかりな点は、借入金の連帯保証だ。連帯保証を外す要件はすべての金融機関が同じではないが、信用保証協会の「経営者保証ガイドライン対応保証」資格要件に合致していることは確認した。
① 法人と経営者個人の資産と経理が明確に分離されている
② 法人と経営者の間の資金のやりとりはない。
③ 適時適切に財務情報を提供しており経営の透明性を確保している
④ 自己資本比率が20％以上で、使用総資本事業利益率が10％以上等

　金融機関のうち最終的に連帯保証を求めてくる金融機関があれば、繰り上げ返済を実施し、最終的にはすべての借入金を保証なしとする予定である。

事例5　後継者の承継後支援

1．相談の経緯

決算（直近期）	百万円
売上高	1,500
当期純利益	△100
総資産	600
借入金	500
純資産	△20
資本金	50

役員と株主（相談開始時）

氏名	役員	関係	株式	その他
A	代表取締役	本人	75%	
B	専務取締役	奥様	20%	
C	常務取締役	1人息子	5%	相談者

　当社は日用雑貨の卸売りを行っている。年商は15億円ある。主な得意先は飲食店、居酒屋、食料品チェーン店である。社長Aは75歳になる。1人息子Cが卒業後、すぐに当社に入り現在は常務としてナンバー3の位置にいる。現在33歳で、数年後に社長になることが決まっている。

　その常務から相談申し込みがあった。日用雑貨は競争が厳しいので、付加価値のある商品を中心にしたい。ついては、事業承継と合わせて業績改善計画の策定を指導願いたいということであった。

　最初の面談から、これは大変だなという印象を持った。

　質問①：先月の業績はどうでしたか。
　回答①：在庫が多かったので、仕入れを減らして黒字にしました。
　質問②：今期の販売計画は前期と比較してどうですか。
　回答②：今期に入っているのですが計画作成中です。毎年計画作成が遅れます。
　質問③：商品毎の売上と粗利はデータとして把握できますか。
　回答③：システム担当者がしっかりしており、細かなデータは出るはずです。
　質問④：御社のメインバンクはどこですか。
　回答④：メガバンクです。メガと取引するとお客様からの信用力も違いますね。

　それからほどなくして、社長Aが病気で倒れてしまい息子Cが急遽、社長を引き継ぐことになった。何分にも準備期間が短く後継者として十分な教育を受けていない。社長を補佐する番頭格もいない。母親Bが経理担当で息子である専務Cについてアドバイスをしている程度であった。

2．経営状況
(1) 在庫管理
　卸売りは薄利多売で粗利益率は低い。取扱商品が多く在庫が多い。食器、ティッシュペーパー、エプロンどれをとっても、顧客毎に使う商品が異なる。受注数量に合わせて仕入れできれば良いのだが、1個の注文でも仕入ロットが10個単位となっているものもある。残りの9個はすぐには売れず、最終的に2〜3個が不良在庫となってしまうケースがある。

(2) 金融機関取引
　社長就任後に、様々な銀行が資金セールスにきた。後継者が若く、社長交代を機に取引開始をしたいのであろう。中には東京ではあまり名前を聞かない地方銀行もあった。当該地銀は金利1%以下という好条件を提示しており、新社長には魅力的に映ったようだ。

　新社長には、当社は赤字体質で借入金も多く甘くはないと伝えていたが、意に介する様子もなかった。その後の結論をいうと、資金調達できなかった。セールスに来たのは支店の営業担当だ。決算書を持ち帰って検討した結果、財務内容が悪く、決裁が下りなかったのであろうことは容易に想像できた。

　そうこうしているうちに資金繰りがきつくなった。このため若社長Cがメインと言っていたXメガバンクに運転資金の申し込みをした。それから2週間後、丁重に断りの連絡があった。社長の顔色から覇気が失せ相当にショックを受けたことが読み取れる。この危機を救ったのは、地元のY信用金庫であった。元々融資残高はメガバンクよりも多く、Y金庫は自分たちがメインバンクと思っていたはずだ。メガバンクの借入金を肩代わりしたほか、期間3年の借入金を10年分割返済に組みなおしてくれた。

(3) 従業員との関係
　新社長Cは性格が明るく素直である。心配な点は社会に揉まれていないことだ。従業員に対しても厳しいことを言えない。語り口調も、「すみませんが、何々さん、よろしくお願いします。」という始末だ。

前社長Aはがっしりした躯体で、会社を大きく発展させたことで、従業員から尊敬の念を抱かれていた。新社長は従業員から軽んじられている。

3．資産の承継

　時価純資産は土地の含みを考慮すると2億円程度のプラスになる。持株比率は先代社長75％、母親20％、若社長5％。どう承継するか課題ではある。顧問税理士に相談し昨年から110万円の贈与（暦年課税）を開始したようだ。贈与するにしても、もっと金額を増やすべきだ。

　直近期は営業赤字で、かつ不良在庫処分損と社長退職金により1億円もの赤字決算となった。決算をベースにすると自社株評価が下がるので、今期中に株式譲渡を行うこととなった。

　借入金の担保は本社とA前社長自宅である。A社長は代表取締役社長から降りたが、担保提供者でもあり引き続き借入金の連帯保証人となった。

4．経営の承継

(1) 後継者教育

　B君はまだ33歳と若い。大学卒業後に当社に入社。社長は同業他社で丁稚奉公させたかったが、受け入れ先がなく、そのまま入社している。営業担当となり、取引先を訪問することが日課となっていた。

　かつては、番頭がしっかり社内を掌握し、モラル面も含めてまったく問題がなかったようだ。その貴重な番頭は10年前に交通事故に遭ったことで、退職しており後継者を十分に教育することができていなかった。

　昨年、A社長は息子を公的機関が開催している後継者塾に参加させた。後継者仲間ができ悩みを打ち明ける友人もできた。

　中小企業の多くは決算期末に実地棚卸をして決算に反映させる。このため月次試算表では売上－仕入＝売上総利益となっているところも多い。今期は仕入

期首在庫	30	売上原価	80
仕入	70	期末在庫	20

れを圧縮し在庫を減らしているので総利益率が上がっているように見える。売上を100として仕入でみれば利益率は30％だが、売上原価でみれば20％となる。

期首在庫＋仕入－期末在庫＝売上原価となることを図で示した。

(2) 経営基盤の構築

　事業承継させる場合に、円滑に業務遂行できるように基盤を固めることが肝要である。新社長が十分な経験がなく、番頭も不在で、社内掌握ができていない中、次のような施策を講じるようにアドバイスをした。

① 組織改革と人材の若返り

　営業部長と、仕入部長を意欲のある40代の人物を抜擢し、この両部長が社長を支える仕組みを構築した。

② 商品毎の採算管理

　商品毎に採算の悪い商品の取扱を検討すること。値上げできないか、他の商品への変更ができないか、最悪の場合は取扱中止も検討すること。

③ 仕入部長の権限強化

　従来の仕入れは営業担当者が顧客の注文を基に商品を仕入れしていた。欠品を心配して多めに仕入れていたため、不良在庫が積みあがった。一定量以上は仕入部長の事前決裁を要するように変更した。

④ 物流のアウトソーシング

　在庫が3カ所に分散されていたため、物流業者にアウトソーシングして一カ所に集約することとした。物流コストは倉庫代と運送代の合計となる。

⑤ 従業員との面談

　従業員との面談を行うようにし、経営への協力を要請させた。また、社会保険労務士に従業員に対する講習を依頼した。

⑥ 業績報告会の実施

　メインバンクの担当、顧問税理士を入れて業績報告会を毎月開催する。社長と経理担当の母親に課題を提示し、次回報告願うようにした。

　先日訪問したところ、従業員の対応が見違えるように良くなった。若手社員男子3人が積極的になり、自ら何か手伝うことがありませんかと申し出るようになったらしい。業績も久しぶりに水面上に浮上した。

事例６　後継者選択の失敗

１．経営状況

百万円

	51期	52期	53期
売上高	160	140	100
当期純利益	△12	△15	△24
総資産	130	125	121
借入金	170	180	200
純資産	△80	△95	△119
資本金	50	50	50

役員と株主（相談開始時）

場所	姻戚		現役職	株式
本社	社長（先代）	A		
	社長の長男	B	社長	55%
	社長の長女	C	取締役	20%
	長女の夫	D		
長野工場	社長の弟	E	取締役	25%
	社長の弟の娘	F		
	社長の妹	G		
	社長の妹の夫	H		

　当社は5年ほど前に事業承継と収益改善というテーマで先輩が支援した先である。今回は、メインバンクからの紹介で、収益改善計画策定支援を行う。

　山形、長野、山梨、群馬に工場があった。山形と長野は部品製造、山梨は機械加工、群馬は非鉄金属加工を行っていた。中小企業で4つも工場があるのは珍しい。盛隆を誇っていた時期の生産拠点を維持しているためだ。本社には、古き良き時代に大手メーカーから贈られた感謝状が壁に飾られていた。

　円高に伴って得意先が海外に生産拠点を移したことで当社の競争力が低下した。当社も中国に協力工場を擁し、汎用品は協力工場に生産を移していた。しかしながら、協力工場は品質に問題があり不良品の多さに悩まされていた。

２．事業承継

　5年前に遡る。当時は社長（78歳）と社長の弟である長野工場長E（76歳）の兄弟で長らく経営しており、10年前に社長の長男B（48歳）が入社し3年前には取締役に昇格させていた。

　長男は、営業を担当しているものの、内気な性格であり、社長としても、すんなりと後継者にすべきか迷っていた。当時、他にも有力な後継者候補が3人いた。性格が明るく前向きな長女C（52歳）、同族ではないが有能な製造部長X（56歳）、技術畑の中核を担う技術部長Y（53歳）である。

　業績が長期低落傾向にあり、このままでは先行き不透明な状況にあった。本来は製造部長を後継者にすべきであったのだが、長男のBを後継者に指名した。そ

の際に、社長は弟の工場長の了解を取り付け、製造部長XにはBを支援することについて同意を得ていた。

　その後すぐに社長はガンで逝去。長男Bが社長、それを長女Cと製造部長Xが支える体制が構築された。株式は社長が75%保有していたが、長男Bが55%、長女Cが20%相続した。長男と長女で3分の2以上を保有しており、会社経営上では問題なく承継されている。

3．課題山積

　同族経営であり親族を要所に配置している。本社には長女Cと長女の夫D、長野工場には社長の弟のE工場長と工場長の娘など合計で7名が要所に配置されていた。山形と長野工場の集約、群馬工場の別会社化など課題は山積していた。

① 　工場集約については、山形工場のほうが長野工場よりも生産性が高く、技術レベルも上で不良品も少なく、当初は製造部長Xの意見に沿って山形工場に集約する予定であった。ところが叔父の長野工場長Eが長野への統合を強力に主張したことで、生産性の低い長野に集約されることになった。それが原因で製造部長Xは退職してしまった。生え抜きで品質管理の中心人物でもあった製造部長の退職は社内に大きなインパクトを与えたようだ。

② 　群馬工場は、もともとは先代が買収した会社であった。僅か数人の規模であるが特許を持っており、将来性を見込んで投資したものだ。ところが買収後も、鳴かず飛ばずの状況で赤字続きであった。買収したときの従業員が残っており、当該従業員を独立させて、そこに事業譲渡するべきであったが、遅々として進んでいなかった。

③ 　海外協力工場の不良品は3割にも達していた。最初は中国沿岸の工場を協力工場として技術移転も含めて指導していたが、労務費のアップで内陸部に移していた。その工場の不良品率が高止まりして何らかの対策が必要であった。長野工場の稼働率が低く、国内回帰も検討されるべきであった。

4．工場の実態

　小雪が舞う2月に主力の長野工場を訪問した。工場長Eが出迎えてくれたが、年は80歳を超えており、人の好い世話好きなお爺さんにみえる。工場内を案内してもらったところ、倉庫にシートを被せてあるスペースが目についた。工場集約で不要となった材料とのことだ。これは不良在庫だ。工場1階にはノスタルジーを感じさせる機械が並べてあったが、ほとんど稼働していない様子が窺える。

　2階では人海戦術で部品組立を行っていたが、大雑把にみて稼働率は3割程度とみられる。余剰人員対策が必要であることは容易にわかる。

　長野工場長Eは世話好きで、パート従業員には人気があるようだ。取締役でもあることから、社長Bは工場長に月次損益資料を送っているが、工場長は財務諸表を読むことができない。このため会社の状況が正しく把握できていない。

　社長Bは工場長に退任の話を仕向けたが、頑としていうことを聞かないそうだ。叔父E曰く、「先代から長野工場は任せるといわれている。いざとなったら、会社を分離して出ていく。」ということであった。

　株式はその時点でB社長と姉Cを合わせれば75％所有。工場長を退任させることができたはずであるが、叔父の剣幕に黙って引き下がっていた。同族の中には叔父に近い者もおり、持株比率だけで強硬突破できないと社長は考えていた。

　地元の中小企業診断士に工場診断を依頼してみた。匿名で従業員からアンケートを集めてそれを分析している。その結果には次のことが書かれていた。
① 　B社長は月に1回しか来ない。従業員の名前と顔が一致しないのでは。
② 　どうせ創業家の会社なので、頑張っても出世しない。
③ 　工場長の下に課長が4名いるが、まったく横の連絡がない。
④ 　海外生産で国内工場の熟練度が落ちている、等々

5．経営改善計画

　技術は技術部長Yに依存していた。その下に課長クラスの人材を配置していたが、能力的にも劣ることは明白であったようだ。工場移転問題で製造部長Xが退職、その後に技術部長も嫌気がさして退職してしまった。技術部長のノウハウを承継できなかったことで新規受注が減っている。取引先の要望を技術部が設計することで差別化できていたが、その強みが消滅してしまっていたのだ。

本社は、都内にあり土地が広い。現在は古い2階建ての事務所と倉庫がある。賃貸マンションでも建設して、その1階を本社にすれば財務上は改善するはずであるが、そのままとなっていた。幸い、資産価値があり、赤字になってもメインバンクが資金供給していた。さすがに、赤字垂れ流しでは会社が持たないということで、今回、経営改善計画の策定支援を行なうことになった。
　B社長は優柔不断で前向きな対応ができない。実行力がまったくないのである。性格的にも内向的で覇気が感じられない。同族経営で従業員の士気も低い。
　当社は抜本的な計画策定に消極的であったことから、形だけの収益改善計画の策定支援を行って終了している。

本来、実施すべき主な課題としては以下のようなものがあげられる。
　① 本社売却による債務圧縮と長野工場への本社移転
　② 中国協力工場生産の国内回帰、または他地域での生産
　③ 山梨工場の長野工場への集約
　④ 群馬工場の別会社化と従業員への事業譲渡

　それから1年後にB社長が来社された。本社を閉鎖して本社不動産を売却するとのこと。本社従業員を解雇する手続きを知りたいということであり、社会保険労務士を紹介して話を伺った。
　すでに社長報酬は月10万円まで下げている。毎月大幅赤字で事業継続が難しい。閉鎖により本社がなくなるので、解雇も仕方ない。社会保険労務士によれば、30日以上前に解雇通告すればよいということであった。
　社長は帰り際に肩を落として「本社を売却したら社長職を降りるつもりです」と言った。もともと事業環境が厳しく、他の人が引き継いでもうまくいくか不確かであった。激動の時代に、特段の対策が打てずに、じり貧となってしまった。

教訓として3つの事項を上げたい。
　① 親族内承継に拘り過ぎるのは避ける。
　② 後継者選定に当たっては性格や意欲などを見定めて承継を考える。
　③ 前社長は退任時に火種となる古参役員を退任させる。

事例7　古参役員の居座り

<古参役員の居座り>
１．役員構成

役員と株主（相談開始時）　　　万円

氏名	役員	年齢	報酬	同族	株式	その他
A	代表取締役	35	240	本人	90%	相談者
B	取締役	78	680			
C	取締役	68	720			
D				母親	10%	

　当社は広告代理店及び広告看板製作を行っている。現社長Aは35歳と若い。当社入社後4年目に父親が他界したが、後継者となるには時期尚早であったことから、番頭格のB取締役を社長とし、その後にCが社長となり、10年間で2人のショートリリーフを経て今から3年前にAが社長に就任している。

２．経営状況
(1)　社内風土

　会社は社長と両取締役のほかに広告デザイン担当や現場作業者など4名、合計でも10名の小所帯だ。経営状況は決して褒められたものではない。過去数年間、ずっと営業赤字である。毎年、数百万円の資金不足だ。担保余力があるので、事業継続できているに過ぎないが、このままでは立ちいかなくなる。

　そもそも社内風土に問題が多い。電話して社長が席にいない場合には、「単にいません」程度の返事しかない。本社を訪問しても従業員の対応が悪い。挨拶がない程度であればよいのだが、中には鋭い目つきでこちらを睨む者もいた。

　社長は独身で外見的にはひ弱な印象を受ける。10年以上、採用を行っていないこともあり、いまだに社長が最年少である。給与も社長が一番低い。

(2)　財務状況

　業績悪化に関しては顧問税理士もかなり心配している。このままでは早晩行き詰まりますと警告しているのである。過去10年間で売上高は半分近くまで落ち込んだ。債務超過が1億円に達しており、顧問税理士が警告するのも頷ける。

取締役BCとも報酬は700万円程度であり、社長の3倍の報酬を得ている。端的にいえば、古参役員が居座っているために、業績が低迷し赤字継続となり、挽回不可能に近いレベルまで悪化している。

取引先は大手会社を含めて継続取引先がほとんどである。主な取引先ごとに営業担当者を置いているが、取締役BCが顧客を囲い込んでおり手放さない。

取締役BCは創業者社長への恩義もあるはずだ。きちんと説明して、引退勧告及び給与の引き下げを行うべきだ。顧問税理士が、話し合いの場に参加するという提案を行ったものの、実現できていない。

3．改善対策
(1) 機関設計

株式は社長が90％。母親分を含めれば100％保有だ。役員の入れ替えや役員報酬削減など何でもできる。気弱で周囲に援軍がおらず、何もできないでいる。

社長は相談相手も少なく高校時代の友人がいる程度のようだ。名案はなかったが、その友人を非常勤取締役とする案が浮かんだ。素案として、「取締役会設置会社＋監査役」である。取締役は現在の役員＋友人、監査役は顧問税理士とする。

四半期ごとに開催する取締役会では友人に発言してもらうほか、監査役によるコメントも頂く。残念ながら社長の同意が得られずに実現できなかった。

(2) 経営改善計画

メインバンクは融資するからには、内容をきちんと見る責任がある。これ以上借入を増やせないので、メインバンクにはリスケをお願いし、その対応として「経営改善計画」を策定したらどうか。計画には次の項目を入れ込む。

① 初年度から営業黒字を目指す。
② コスト削減策の1つとして人件費を圧縮する。
③ 役員定年制を導入する。

取締役BCに説明の上で、メインバンクに提出し、3カ月毎にメインバンク向けに経営改善計画の進捗を説明する。その場には、顧問税理士および両取締役にも参加願う。残念ながら、これも実現できなかった。

＜ショートリリーフ役の反抗＞

1．相談の経緯

PL	百万円
	42期
売上高	120
営業利益	0
当期純利益	△1

BS	百万円
	42期
総資産	80
銀行借入金	30
会長借入金	30
純資産	△20
資本金	5

役員と株主（相談開始時）

氏名	役職	関係	株式
A	代表取締役社長	―	
B	取締役会長	母親	70%
C		本人	30%
D	現場	―	
E	経理		

　当社は地元密着型の工務店である。創業社長が他界したことで奥様Bが60歳のときに事業を引き継ぎ、片腕の大工Aを取締役として二人で経営してきた。奥様Bは75歳の時にAを代表取締役とし会長となった。今年で83歳になる。

　今回の相談者は奥様Bの娘Cである。今後この会社をどうしたら良いか皆目見当がつかない。ここ数年はA社長の独断が目立つので心配している。

2．経営状況

(1) 株主家と社長家の関係

　社長Aは職人気質で、社長が一番偉いと思っている。社長Aは一生懸命働いて会長であるCの母親Bに役員報酬を払ってあげていると認識している。

　娘Cには弁護士相談を提案したが、今までの恩がありドライな対応は避けたいということで、弁護士への相談を躊躇していた。

　昨年度は赤字に転落した。社長報酬を800万円から1,200万円に増やし、現場作業の息子Dと経理担当の娘Eへの給与も増やしたことが原因であった。

3．事業承継支援

(1) 優先順位の確認

　資金が流出するマイナスリスクを排除し、その上でプラスとなる事項を考えたい。ざっと以下の順となる。

① 借入金の連帯保証と自宅の担保設定を確認する。
② 会社への貸付金が回収できるか検討する。
③ 取締役の地位、今後の関与をどうするかを明確化する。
④ 株主として会社をどうするか。経営できるのかを議論する。

(2) 借入金と連帯保証の確認

　調査の結果、銀行借入金 3,000 万円のうち 1,000 万円は母親 B が連帯保証人になっていた。10 年以上前に調達した長期借入金であるがリスケをしたことで残っている分だ。信用保証協会保証で担保は設定していなかった。
　保証人を B から A 社長に変更することを銀行に依頼する。

(3) 会社への貸付金

　会社への貸付金 3,000 万円は返済の目途がつかない。このままだと母親死亡時に、そのまま相続財産となり相続税の対象になる。債務超過見合いの 2,000 万円を債権放棄する。残りを弁済契約で分割弁済してもらうことを交渉する。
　B は取締役会長であり、その役員報酬は維持する。

(4) 経営権

　A 社長と面談した。社長曰く「今のまま社長をし、数年後には息子に継がせる。文句があるなら、従業員を連れて出ていく。」ということで、真摯に意見を聞く態度も示さずに途中で退席した。
　相談者 C は会社経営の経験がなく経営する自信もない。従業員は社長を向いており、相談者が経営することは不可能だ。訴訟して社長を追い出したところで、後継者を探すのは容易ではない。

4．本件の教訓

　ショートリリーフで期間を限定するような場合は別として、社長の在任期間が長くなるにしたがって、所有者である株主の影響力が低下し、長期的には所有と経営の分離は、うまくいかないケースが多い。
　株主として、いつでも経営者を更迭できるという状況を示すことも大切だ。所有側が株主としてきちんと対応しないと、機能が弱体化し、経営をコントロールできなくなる。持株比率が 3 分の 2 以上あればすべて解決できるわけではない。

事例8　親子間の葛藤

＜親子間の路線対立＞

1．相談の経緯

決算（直近期）	百万円
売上高	200
営業利益	20
当期純利益	10
借入金	100
純資産	60
資本金	10

役員と株主（相談開始時）

氏名	役員	同族	株式
A	代表取締役社長	本人	60%
B	専務取締役	娘婿	
C	取締役	娘	10%
他	取引先		10%
他	医師数名		20%

当社は医療関連製品の輸入販売会社である。社長は72歳。娘と娘婿45歳の3人で来られた。社長は紳士然としており薬学にも詳しい。人脈も豊富で大手会社とタイアップしながら事業を発展させてきた。

娘婿Bを承継者とすることは決まっている。Bが当社に入ったのは15年前だ。すでに45歳であり営業の中心的な立場にある。

2．経営の承継

(1) 社長と専務の考え方

甲社S製品が製造中止になった。対応方針で、社長と専務の意見が摺り合わない。社長は改良型ができるのを待つ方針である。娘婿は乙社のM製品を代わりに投入したい意向だ。事業承継の現場では通常は社長の力が強く、後継者が弱いというのが相場であるが、二人の意見を聞いていると、真逆だ。

(2) 後継者とのコミュニケーション

8回ほど面談した。娘がいつも黙って聞いている。日々、二人からいろいろと言われて困って相談に連れて来たわけだ。普段は話をしない社長と専務が、筆者が媒介役となって話を進めたことで、少しは相互理解が進んだようだ。娘の表情が初回と比べると温和になってきたのは、その証左であろう。

経営方針について、経営者と後継者の意見が合わないことは、珍しいことではない。経営者と後継者の間に入って、意見交換ができるようにさせることも、事業承継では大きなテーマの1つとなる。

事例8　親子間の葛藤

＜息子の承継＞
1．会社の状況

決算（直近期）	百万円
売上高	400
営業利益	60
当期純利益	30
借入金	0
純資産	300
資本金	30

役員と株主（相談開始時）

氏名	役員	同族	株式
A	代表取締役社長	本人	90%
B	取締役	長男	
C		兄	10%

　産業廃棄物の会社である。初代の社長が亡くなった後、奥様（現社長）が引継ぎ堅実経営で優良企業を育てあげた。1人息子が承継する予定で10年前に入社した。やや内向的な性格ゆえ、社内で孤立気味であったようだ。会社を訪問すると、本社の敷地に20台前後の産業廃棄物用車両が置かれており、運搬後なのか元気のよい若者が輪を組んで談笑していた。しつけが行き届いており、大きな声で挨拶されるので、頼もしいと感じるがやや1人息子とは、距離があった。

　息子は母親との意見も合わずに一度退職した。筆者が面談したのは、それから数年後、再入社して2年が経過した時点である。

2．社長の座を譲る決断

　息子は新しい事業に参入するためにも、もっと大きな処分場に投資を計画していた。母親は堅実経営であり賛成していない。

　息子は、社内から2人の若手を探し出し、計画をきっちりと作成させていた。財務上から判断すれば、計画が下振れしても手許資金が潤沢にあるために、大きな支障は来たさない。何度か面談するうちに、母親の態度も軟化して最終的には計画に合意した。それから、2カ月後に母親は社長の座を息子に譲った。

　社長を譲る決断理由について確認していないが、以下と推定している。

　①　息子が退職後、苦労して成長し戻ってきてくれたこと
　②　社内の若手を指揮して計画を策定したこと
　③　その数字について、質問にも自信をもって答えられるまでに至ったこと

<息子の選択>

１．会社の状況

決算（直近期）	百万円
売上高	300
営業利益	30
当期純利益	10
借入金	200
純資産	60
うち資本金	40

役員と株主（相談開始時）

氏名	役員	同族	株式
A	代表取締役社長	本人	70%
B	取締役会長	兄	30%
C		社長長男	
D		会長長男	

　電機部品製造業の会社である。社長は75歳、会長が77歳である。従業員は30名を数える。東京郊外に本社工場700坪があり、産業道路にも近く、不動産としても価値もある。そろそろ、事業承継をする時期に来ている。

　社長の長男Cは以前、当社で働いていたが従業員との人間関係を理由に会社を辞め、電機部品の大手会社に就職して10年が経つ。理科系の大学を出ており、社長としては長男Cに継がせたい。問題のあった従業員は既に退職済だ。

　会長の長男Dも理科系の大学を出て工作機械関係の会社で働いている。
少子化で親族内承継が減っている中で、この会社は後継者候補が2名いる。CがダメならDを承継者とする意向だ。

２．後継者不在

　相談を進めるに従って課題が見えてきた。一番の問題は会社の将来性だ。需要が縮小し将来に期待できない。売上高営業利益率は10%と中小企業としては良好だが、今後は不透明だ。過去10年間、大きな設備投資を行っておらず、競争力を維持するには最低でも1億円の設備投資が必要だ。

　Cは大手会社に転職し10年が経つ。社長Aの報酬は年間500万円だ。Cから見ると将来性も仕事内容も社長報酬も魅力がないと映る。さらに、借入金2億円の連帯保証人になることは避けたい。安定した大手で働いて年数が経過すれば、そちらを優先する。Dも同様だ。子息はいても、継がないのであれば、親族内後継者はいないことになる。

　今なら会社の価値もある。従業員承継も可能だし、M&Aも可能だろう。

＜親父の選択＞

1. 会社の状況

決算（直近期）	百万円
売上高	1,000
営業利益	10
当期純利益	5
借入金	350
純資産	400
うち資本金	30

役員と株主（相談開始時）

氏名	役員	同族	株式
A	代表取締役社長	本人	20%
B		妻	25%
C		義母	35%
D		他親族	20%

　スチール製品製造業である。社長は60歳、義父の会社を継いで2代目となる。従業員は70名を数える。東京郊外に2つの工場を持ち、共に2,000坪を超える大きさだ。ただし、工場は工場団地内にあるわけでもなく陸の孤島にあり幹線道路へのアクセスも悪い。

　社長としても2工場を集約したいが従業員の通勤と、工場売却ができそうにないとして統合を諦めた経緯がある。

2. 後継者不在

　大学生の息子2人がいる。社長として将来、継ぐかどうかを尋ねたが、1人は卒業後海外留学を希望し、もう1人も自分の道を歩みたいということであった。

　株式の過半は配偶者と義母が持っているが、特にこだわりはなく、社長の好きなように処理して構わないとなっていた。

　まず、M&Aの価格を検討した。過去は良かったので純資産は厚いが、近年の収益力は低く、EBITDAが小さい。結局、不動産価値程度にしかならない。

　社長は同業組合の理事である。他社も同様な後継者不在で悩んでいる。他社を吸収する方法もあるが、余剰となった不動産処分や人員削減に苦労する。将来的には組合の数社が集まった事業連携もあるのかもしれない。

　業種転換プロジェクトを社内で設置し、従業員に将来を考えさせている。うまく転換できれば従業員承継に繋がる。

事例9　従業員への株式譲渡

1．相談の経緯

直近期	百万円
売上高	200
当期純利益	△2
総資産	160
借入金	50
純資産	70
資本金	10

役員と株主（相談開始時）

氏名	役職	関係	株式	その他
A	先代社長	父親	40%	
B	現社長	叔父	30%	
C	経理	本人	30%	相談者
D		夫		

　当社は園芸店と生花屋を各2店舗ずつ経営している。園芸店は創業地の郊外店、交通の便の良い街道店、生花屋は駅近くの駅前店と霊園近くの霊園店がある。

　先代は元々郊外に土地を保有し造園業を営んでおり、園芸店を開設したのが最初である。2代目社長は長男Aで次男Bが専務として支えた。長男Aは奥様の実家が花屋を営んでいたことから、生花屋の店舗を開設。長男の娘C（相談者）も花が好きであったので卒業後に入社した。長男Aが体調を崩したこともあり、次男Bが10年前に3代目社長に就任し現在に至っている。

　現在の社長Bは相談者Cの叔父にあたる。社長Bは鉢植えが好きであり、相談者Cは生花中心である。このため、経営方針を巡ってたびたび意見が食い違った。社長Bの子息は事業には興味がないため、相談者Cが継ぐことになったが、叔父が引退する条件として無理難題を突き付けてくる。どのように承継したらよいかということで相談に来られた。

2．経営状況

売上は約2億円で園芸と生花で半々である。園芸は鉢ものと花壇用苗ものが多いがガーデニング人気のおかげで500万円の営業利益が出ている。生花のほうは、霊園店は仏花が堅調であるが、駅前店は競合との競争激化で赤字だ。

　生花は入荷後5日以内に販売できないと廃棄ロスにつながる。一般的に25%程度が廃棄ロスと言われる。駅前店はこれよりも廃棄ロスが多く苦戦している。

　花屋は女性には人気のある職業である。しかしながら実際の商売となると店内の温度を低く保つ必要がある。このため冷え症に悩む女性が多く、園芸店よりも

退職率が多く、従業員確保が常に課題となっている。

3．事業承継上の課題
(1) 現社長Bの主張
　現在の株主構成は父親A40％、叔父B30％、相談者C30％である。現社長Bは70歳となり引退を決意した。その条件として3,000万円の退職金と会社に貸している街道店の家賃をあげること、保有株式はCではなく従業員等に譲り渡すことを条件として提示してきた。

　経理担当の相談者Cは赤字であり退職金は払えないと主張していた。筆者は、「最近でこそ赤字であるが過去10年を見れば相当な利益貢献をしてきた。今後も街道店を継続使用するわけで、双方が歩み寄って、けんか別れをしないようにするべきだ。退職金に関しては顧問税理士と相談し、支払い可能な範囲で決めたらどうか。」とアドバイスを行った。

(2) 退職金等の支払い
　Cは顧問税理士と相談したうえで退職金を2,000万円支払うことを決めた。退職時の報酬月額80万円×社長在任期間10年×功績倍率3倍＝2,400万円であり、概ね妥当な範囲である。街道店は社長Bが多少安く貸していたので値上げを受け入れざるを得なかった。家賃は月20万円の増額とした。5年間で1,200万円になるので、概ね社長Bの主張を受け入れた格好である。

　Bの持つ株式30％（60株）は従業員2名と従業員採用等で相談にのってもらっている社会保険労務士1名に譲渡することになった。1人50万円（20株×2万5000円）で3人に譲渡することとなった。Cは一時的に株式を持ってもらうつもりで、いずれ譲渡価格で買い戻すつもりだ。

4．資産と負債の承継
(1) 株主の買戻し
　当社の資本金は1,000万円。発行済株式数は200株だ。かつて業績が良かった時期があり純資産（資本金＋剰余金）は7,000万円ある。その30％となると2,100万円となる。それを150万円という安い価格で譲渡したことから問題が起きない

か税理士に確認してみた。
① 譲渡先は同族関係者以外であり、その場合には配当還元方式で譲渡価格が決まる。配当はゼロなので、1株2万5000円と評価される。
② その株式を同族関係者が購入する場合には、原則的評価方式となり、純資産価額方式と類似業種比準価額方式の併用となる。退職金支払後に純資産が5,000万円となる前提で、純資産価額で1株25万円、類似業種比準価額との併用では概算で1株20万円程度と想定する。60株を買い戻すには1,200万円を要することになる。

新たに株主となった従業員は郊外店と街道店の店長である。相談者Cは当初は一時的に保有してもらう予定であったが、買戻価格が高くなるのであれば、将来退職した時に会社が買うことができればよいとなった。

(2) 父親Aの株主移転

父親は40％の株式を所有している。今期は社長Bの退職金支払で2,000万円の赤字決算となる見込みである。一定割合を相談者Cに譲渡する。また、一部をCとCの夫Dに暦年贈与することを考えている。

(3) 借入金の連帯保証外し

借入金は3,000万円と多くはない。その半分は日本政策金融公庫のローンで社長の個人保証はついていない。残りは創業地である郊外店を担保に近隣の信用金庫から調達している。担保余力は十二分にあり、他の金融機関からの打診も多くある。代表者変更を打診したが、新社長の連帯保証は不要との回答を得た。

(4) 資産と負債

現預金が4,000万円と比較的多い。社長Bの退職金支払も定期預金の取り崩しで対応できる。郊外店は自社所有である。街道店は叔父Bの所有であり、今回の承継後も家賃は月10万円から月30万円まで上がるが賃借継続となる。生花屋の2店はともに賃借であり、2,000万円のテナント保証金を積んでいる。

5．経営改善
(1) 後継者の経営体制強化
　長女Cは経理を担当していたが、経営全般を見るのは大変と感じていた。夫Dは広告関係の仕事をしていたが、順調とはいえない状況にあり、社長Bの退任を契機に当社に入社し長女Cを支えることとなった。

　夫Dは園芸や生花の知識や経験がないものの、社交的で明るい性格である。パートを含め総勢30名になる。夫の参加により円滑に承継できそうである。

(2) 採算管理
　店毎に売上と利益は現金ベースでつかめていたが、いわゆる採算管理が不十分であった。店舗毎に採算管理をすることを提案。店舗毎の仕入高、家賃、人件費を計算してもらった。飲食店では、FLR比率が有名である。売上高に対する食材費（Food）、人件費（Labor）、家賃（Rent）の比率で70％以下が望ましいとされている。食材費（Food）の代わりに花仕入代（Flower）を入れたFLR比率を算出してみた。やはり、駅前店は80％と高く改善を要することが分かった。

百万円

	園芸		生花		合計
	郊外店	街道店	駅前店	霊園店	
売上高	60	40	60	40	200
材料費	20	13	25	14	72
労務費	18	13	17	13	61
家賃	0	2	6	2	10
合計	38	28	48	29	143
FLR比率	63％	70％	80％	73％	72％

(3) 販売促進
　主要顧客層は中高年の主婦である。来店客数減少の原因は、顧客の高齢化とライバル店の出現と考えられる。

　生花のうち、駅前店と霊園店では売れる花が異なる。菊は商品寿命が比較的長いが、短いものもあるので、店に合わせて店長が商品を仕入れる体制に改めた。とくに駅前店はロス率が高いので、値下げをする時期を早める等の対策を講じて早期に販売するという目標を据えた。

　固定客名簿も十分ではない状況にあったので、固定客名簿を作成し、特定日（母の日、お彼岸、誕生日等）にDMを送るようにした。

事例10　自社株式の価値上昇と経営相談

1．相談の経緯

決算	41期	42期
売上高	150	200
当期純利益	2	20
総資産	50	60
借入金	30	20
純資産	10	30
資本金	5	5

（百万円）

役員等（相談開始時）

氏名	役員	関係	株式	その他
A	取締役	本人	100%	
B		長男嫁		園長
C		長男		会社員
D		長女		公務員

　社長A子さんは79歳。自宅で託児所を開設して40年になる。現在は幼稚園2カ所（本校と分校）を運営。夫はすでに他界しており、法定相続人は長男Cと長女Dの2人である。長男の嫁Bが本校の園長で、次期後継者となる。

　社長は子供の世話が大好きな方である一方、経営知識が十分ではなく、財務諸表の数値を読めない。

　社長Aは80歳になるのを契機に園長B(55歳)に事業承継させたいが、園長は社長に輪をかけて経営に疎く不安である。また、事業承継といっても何をしたらよいのか手続きもわからないので、メインバンクである地元の信用金庫に相談した。この信用金庫からの紹介で相談を開始した。

2．経営状況

　「子ども・子育て支援法」ができ、会社が受け取る報酬体系が変更となったことで、業績が急激に好転した。収入は公定価格として金額が定められており、公費負担が約9割、利用者負担が約1割だ。

　2年前に、幼稚園から認定こども園に登録変更した。認定こども園は0～5歳児を対象とする施設である。利用希望者は市町村に入園希望を出し、その紹介で入園が決まる。これに対して幼稚園や保育所は自ら園児を集める必要がある。

　収入（公定価格）は基本額と各種加算の合計となる。基本額は、年齢の小さな幼児を預かるほど報酬は高い。収益が劇的に改善したのは、報酬体系の改定と乳幼児の入園が多かったからだ。翌年度以降は、年齢の平準化が想定され当期純利益は半分程度になると見込まれる。

3．借地権
(1) 借地権割合
　本校の敷地は社長が保有し、概算で150坪ほどになる。建物は会社名義である。純資産価額を計算する上で資産の含み損益を加算する必要がある。注意すべき点は、会社が建物の底地（社長名義）を借りていることから、借地権の加算が必要となることである。

　路線価図を見ると本校が接する路線価は約40万円／坪であり、借地権割合が6割であることから、計算上40万円×0.6×150坪＝3,600万円の価値がある。

　借地の価値を評価することにより時価純資産が増える。純資産価額方式では場合に評価差益に対して、みなし清算法人税額（37％）を引くこととなる。

(2) 賃貸借契約
　借地契約に関しては、使用貸借契約と賃貸借契約がある。使用貸借契約は対価を払わないときや、地代が土地の公租公課相当以下と安いと該当する（民法595条1項）。賃貸借は通常の賃料を払って利用する契約だ。

　法人税法上、権利金を支払う慣行があるにも係らず支払っておらず、「相当の地代」も払っていないときは、地主から借地人（法人）に借地権が贈与されたと見なされ受贈益が発生する。これは「借地権の認定課税」といわれる。

(3) 無償返還の届出書を提出している場合
　将来、地主が土地を無償で返還することを明記し、かつ地主と法人の連名で「無償返還の届出書」を提出すれば、相続税法上の借地権価額はゼロとされる（平成17年国税庁資産課税課2－4改正）。使用貸借は自用地価額の100％となる。

　借地権が設定されている土地の貸宅地評価は自用地価額の80％とされる。個人が同族関係者である法人に土地を貸し、その貸宅地とともに法人の株式を評価するときは、課税上の公平性から自用地評価額の20％を借地権の価額として算定する（国税庁「相当の地代を収受している貸宅地の評価について」）。

4．資産の承継
(1) 自社株式評価の上昇
　急激に業績が良くなった。次年度以降は下がると見込まれるものの、今のうちに長男および後継者である園長に株式を移転させたい。

　長男と長男の嫁に各200万円ずつ贈与し、必要により一定額を譲渡すれば、数年で移転できる。連年贈与とならないように留意する必要がある。

(2) 遺留分
　社長は近隣のマンション（賃借）に一人住まいであり、多額の金融資産はお持ちでないようだ。ご子息が2人おり、長男は58歳で民間企業に勤務し定年後は当社の手伝いをする予定だ。長女は55歳。区役所で働いている。

　相続財産は、本校の土地と自社株式、金融資産と推定する。長男と園長が事業を引き継ぐことになるので、土地と自社株式は長男が相続することが望ましい。

　遺留分を考慮すると、ある程度の金融資産を長女に残す必要がある。不足するのであれば、何らかの対策が必要となる。

　例えば、生命保険の利用である。社長は高齢で被保険者として加入すると割高となるので、保険契約者と受取人を社長、被保険者を長女として、相続時にみなし相続財産とするのも1つの方法だ。

(3) 小規模宅地等の評価減の特例
　特定同族会社事業用宅地と認められれば、400㎡を上限に評価額の80%減額が認められる。本校の建物は会社所有で、土地は社長が所有。会社は一定の賃借料を払って土地を借りている。社長に相続が発生した場合に、相続人が当社の役員であること（法人役員要件）、その宅地等を相続税の申告期限まで有していれば（保有継続要件）、対象になる。長男が土地を相続する場合に、なお、役員とは法人税法2条15号に規定する役員で、ヒラの取締役は含まれない。

(4) 顧問税理士との面談
　社長と園長には概要についてやさしく説明したが、相続に関する税務は顧問税理士が行うことになる。このため、顧問税理士と面談した。

X税理士は40代半ば。口数は少ないが、真面目な印象を受ける。顧問税理士には以下のお願いをした。
① 株価が年々あがってきているので、株式移転の対応をお願いしたい。
② 小規模宅地等の減税の適用ができるかチェックしていただきたい。
③ 長女の遺留分を考慮した対策を検討願いたい。
④ 経営数値に疎いので、月次試算表について毎月解説して欲しい。

5．経営の承継

資産の承継と並んで経営の承継も重要である。社長と園長には次の点を十分に理解して経営して欲しいと説明した。

(1) 損益面
① 経営数値に強くなること。損益計算書について容易に説明したものの、理解を得るまでにはほど遠いという印象を受けた。このため、顧問税理士が毎月来るときに、月次の損益状況を説明してもらうこと。
② メインバンク（地元の信用金庫）との緊密な関係を継続すること、経営状況については定期的にメインバンクを訪問して融資担当者の意見に耳を傾ける姿勢が重要である。
③ 毎月、入金した範囲内で支払うこと。そうすれば、少なくとも経営破綻することはない。

(2) 経営面
① 認定こども園の認定基準が満たさなくなってしまうことのないようにすること。
② 認定こども園等の保育施設では、保育士同士の人間関係が大切であるので、常に融和につとめること。
③ 衛生管理には人一倍気をつけること。食中毒が乳児の誤飲等の事故があっては致命傷になるので、十分に注意すること。

事例11　従業員による親族外承継

1．相談の経緯

財務状況　　　　　　　　　　百万円

	前々期	直前期
売上高	320	320
総利益	60	60
営業利益	15	15
当期純利益	6	△40
銀行借入金	130	60
役員借入金	100	100
純資産	20	△20
資本金	10	10

株主（相談開始時）

氏名	役員	同族	株式	その他
A	社長	本人	80%	
		長男	10%	承継せず
		長女	10%	承継せず

組織図

	部長	課長	課員
営業部	B	D	2
工事部	C	E・F	12

　当社は電気および水道設備工事を行う会社である。叔父が起業した建設会社の電気設備部門で働いていたのちに独立。浮き沈みはあったものの、堅実な経営に徹していたことから、現在の状況まで発展させた。

　そのA社長もすでに75歳と高齢となった。長男と長女ともに事業承継する意思はない。2人とも株主ではあるが、事業承継者がいれば、手放す考えである。

　当社には取締役が3名いる。社長のほか営業部長Bと工事部長Cである。営業部長Bはすでに68歳となり引退をほのめかしている。当初は63歳の工事部長Cへの引き継ぎを予定しており、本人も内々に受ける意思を示していたが、奥様が病気になり、その看病をする必要が生じ社長就任を断ってきた。

　このため、事業引継ぎ支援センターを訪問し、会社を譲渡したいと申し出て、2社ほどとマッチングを行ったが、考え方が異なり成約には至らなかった。

2．経営状況

　ここ数年は、業績横ばいである。主要得意先2社からの受注が7割を占めている。今後も大きな発展は見込めないものの、オリンピックを控えて工事の受注は堅調に推移しており、安定した成長が期待できる。

　問題は、かつて、大きく損を出したことから債務超過状態にあり、そのために借入金負担が大きいことである。メガバンク1行と信用金庫2行から借入している。登記上の本社は社長自宅である。実際のオフィスは歩いて数分のところにあるビルの1階を借りている。

3．後継者選定

　両部長を含め従業員が20名いる。営業4名、工事14名、総務と経理が各1名である。M&Aは難しく、親族内承継がないとすれば、親族外として従業員による承継となる。本命の工事部長Cを除いては社内に適切な人材がいないというのが社長の意見であった。

　従業員名簿を拝見すると、課長クラスの人材が営業に1名、工事に2名おり、後継者候補の可能性を社長に伺った。社長による評価は以下のとおり。

　営業のD課長は明るくて人から好かれているが、金銭面がずぼらである。

　工事のE課長は職人気質で仕事は優れているが人の上に立つことは難しい。

　工事のF課長は真面目であるが気が弱く内向的でリーダーシップに欠ける。

　社長からすると欠点ばかりが目につくものである。社長も30年前には何かしらの欠点があり、30年間で社会に揉まれて大きく成長したはず。最初から100点の人間はいないということを述べ、この3人と面談するように依頼した。

　それから1カ月後に訪問して、面談結果を伺った。その中でF課長が前向きな姿勢を示したとのことで、社長としても意外であったようだ。

　片腕となっている営業部長Bと工事部長Cに、面談結果の話をしたところ、両部長ともF課長が社長になれば積極的に支持するとの回答を得た。これで後継者選定はひとまず終えた。

4．資産負債の承継

(1) 借入金圧縮

　金融機関借入金1億3,000万円は社長が連帯保証している。役員借入金1億円は業績悪化時に報酬の一部振替や不足資金の立替を行ったものである。業績が好転しつつあるといっても債務超過が残る状態で、金融機関は連帯保証を外すことはしない。Fさんに多額の借入金について連帯保証人になるように依頼することは難しいし、そうなると社長就任を引き受けなくなる。

　本社ビルは社長1人が住んでいるだけで、処分しても仕事への影響は少ない。本社ビルはメガバンクの担保に入っており、前期に借入金圧縮のため売却した。メガバンクの借入金返済に充当した結果、金融機関借入金は保証協会分と日本政

策金融公庫分を合わせて6,000万円ほど残ったものの、大きく圧縮できた。ただし決算上は不動産売却損が4,000万円発生した結果、△2,000万円の債務超過に陥った。

　役員借入金1億円の内訳は社長6,000万円、営業部長2,000万円、工事部長2,000万円となる。場合により、債務超過相当分2,000万円は社長が債務免除することも検討する。

(2)　株式譲渡

　売却損の発生により、前期は債務超過となったため、相続税計算上の株式価値は出ない。とはいえ、今まで社長が全身全霊で育ててきた会社なので株価ゼロでは寂しい。ゼロから額面の範囲で、社長と承継者で話をして決めればよいとした。

5．経営の承継
(1)　役員の支援

　両部長からの借入金は、少しずつ返済する予定である。50万円の給与を受け取っている両部長については30万円まで下げ、残りの20万円は役員借入金の返済として支払う。これによって、損益計算書上の費用は削減できる。

(2)　現社長Aの支援

　社長は賃借オフィスの近くに居住用として1室を借りた。お茶の冷めない距離である。事業承継は1年後と決めている。社長としては承継後2年ほど会長として、その後は相談役として残る意向である。

　会長の報酬は月20万円とし、このほか役員借入金の返済を月20万円行う。退職金は保険積立金があり、その取り崩しで充当する。

　社長が作成する管理資料は見積書作成上も大変に有効であり、承継後も作るのが社長の生きがいでもある。パソコン操作も習熟しており、ワード、エクセルでできた管理資料は驚くほど完成度が高い。当面は新社長を補佐しながら、円滑に承継が進む見込みである。

社長には、どのようなことが必要となるか、簡単なペーパーを用意した。

手続き要旨
① 関係者への通知
 a　まずは、本人と相談の上で承継時期を決めてください。
 b　メインバンクに社長交代を事前連絡して了解を取ることが得策です。
 c　重要な取引先には新旧社長が一緒に挨拶訪問することが肝要です。
② 社長の選任
 a　臨時株主総会を開催して、後継予定者を取締役に選任します。
 b　当社は取締役会設置会社ですので、取締役会で社長を選出します。
 c　当社の定款では、取締役会決議で代表取締役を定めると規定しています。
 d　司法書士に依頼して、法務局への変更登記を行います。
③ 各種の届出
 a　税務は所轄税務署等ですので、顧問税理士に確認願います。
 b　事業主の交代となりますので、社会保険労務士に対応を依頼ください。
 c　建設業では許認可が必要ですので、許可する行政庁への対応が必要です。
④ 金融機関対応
 a　交代の事務手続きを行ってください。
 b　信用保証協会保証分は責任共有で 20％は金融機関が与信リスクを負っています。新社長の連帯保証が必要かを確認願います。
⑤ 株式の承継
 a　顧問税理士に株価算定を依頼願います。債務超過で含み益はないので株価はゼロとなる公算が高いです。
 b　株価がゼロでも今までの苦労から安い価格で株式を移すということもできます。株式を譲渡する場合は譲渡する側に譲渡所得税が発生します。取得価額以上ではないので、譲渡益は発生しないはずです。

事例12　社長の連帯保証処理

1．相談の経緯

百万円

	31期	32期
売上高	95	100
当期純利益	△20	10
総資産	30	30
借入金	70	60
純資産	△60	△50
資本金	10	10

役員と株主（相談開始時）

氏名	役員	同族関係	株式
A	代表取締役	本人	100%
B	専務取締役	―	

　当社は社長以下10名程度の電気工事会社である。社長A（70歳）は東日本大震災の影響により赤字幅が拡大し、金融機関にリスケを要請していたが改善する兆しはなく、倒産やむなしという状況まで追い込まれ、憔悴しきっていた。

　31期末に借入金は7,000万円あった。1,000万円は社長借入で、残り6,000万円の金融機関借入については社長が連帯保証をしており、倒産は勿論のこと、自己破産も避けられないと感じていた。

　そんな状況下、心労から社長Aは病気で倒れた。病室に見舞いに来たナンバー2の専務B（55歳）に、是非とも後任の社長になって欲しいと懇願した。渋る専務に、担保に入っている社長自宅を処分して借入金を返済するという条件を提示して、社長就任を無理やり受諾させた。

　前社長Aは退院後、自宅静養中である。奥様は数年前に他界、長男夫婦と一緒に住んでいる。自宅売却の話は、Bの社長就任後半年以上経過したものの未だ実行される気配すらない。メインバンクである信用金庫の担当者とともに来社され、相談開始となった。

2．資産負債の承継
(1) 借入金の連帯保証

　新社長Bは社長就任時に、前社長Aに加わる形で借入金の連帯保証人となった。連帯保証承諾書にサインする際には、メインバンクの融資担当者から説明を受けたが、前社長自宅売却で借入金が大幅に圧縮できると考え承諾している。会社が倒産したら自分も他の従業員も困るという判断もあった。

前社長 A の社長交代に伴ってメインバンクは A の連帯保証を解除していない。B 社長は普通のサラリーマンで資産家ではなかった。

(2) 業績改善（第 32 期）

後任 B が社長就任したのは 31 期末である。その期は 2,000 万円もの当期赤字であった。就任直後の 32 期は積極的な営業活動により、受注が回復傾向を示した。アドバイスを開始したのは、32 期の下期からである。

下期に借りている事務所スペースを減らし諸々のコストを下げ、収支トントンまで持ち直した。前社長 A からの借入金が 1,000 万円あったが、これは債権放棄してもらい、会社としては債務免除益を立てることができ、最終利益は 1,000 万円の黒字とした。

(3) 株式承継

32 期の期首において A 社長が株式を 100％保有していた。当時は大幅な債務超過であり、株式は無価値と推定できたが、業績が回復しつつあり、利益が計上できる目途がついた。売却時期が遅れれば遅れるほど、株式の価値は上がる。このため 32 期中に、顧問税理士の確認を受けた上で新社長に無償で譲渡している。

(4) 前社長自宅処分

前社長宅はメインバンクが第 1 順位に根抵当権として 5,000 万円設定している。メインバンクは信用保証協会保証を中心にした与信提供を行っていた。信用保証協会とメインバンクの間で優先充当の契約を結んでおり、倒産した場合には担保を売却して保証協会保証借入金の返済に充当するというものである。自宅は注文住宅で土地 40 坪、建物 35 坪の立派な家である。駅から遠く多少価値は下がるが、不動産の簡易鑑定を取得したところ 5,000 万円の査定がでている。

売却交渉は案の定、難航した。同居している長男夫婦が首を縦に振らないのである。会社が倒産したわけではなく、メインバンクがリスケを認めている中で、勝手に売却することはできない。居住者のいる物件は売却しにくい。

最終的には関係者から次の提案がありそれに沿って実行した。

① 長男は父親から住宅を購入し、その代金支払いのために、メインバンクか

ら住宅ローンとして3,000万円を借入する。
② 前社長は自宅売却で得た3,000万円を当社に貸付する。
③ 前社長は貸付金3,000万円を債権放棄し、会社は債務免除益をもって債務超過を圧縮する。

(5) 借入金圧縮（第33期）

3,000万円は一旦役員借入金として負債計上した後に、債権放棄による債務免除益を計上した。受入金を金融機関借入金の返済に充当し3,000万円まで圧縮できた。この段階で債務超過は1,700万円まで縮小できる見込みだ。

(6) 前社長の生活

前社長が強く求めていた連帯保証外しに関しては、メインバンクが自宅売却や株式移転、会社の債務超過圧縮を見届けたのちに外している。

前社長は自宅売却に協力したこともあり非常勤取締役として残ることとした。報酬として生活費に充当するため月10万円を支払うこととなった。

3．経営の承継
(1) 新社長へのアドバイス

新社長は営業マンとしてのキャリアが長いが管理畑の経験が乏しかったので、まず、当社の財務状況について分析して説明した。社長就任当時は自社の財務状況を掴んでおらず、深刻な状況に陥っていることを初めて理解したようであった。財務には疎く、借入金がどのような状況にあるかも知らなかった。

コスト削減に取り組んでいたが、まずは、赤字を止血する必要がある。損益分岐点分析等をもとに、どの程度の損益改善が必要か、また、そのための手段はあるか等を子細に分析した。

賃借スペースの削減、諸管理コストの圧縮、さらには緊急的な避難措置として社長報酬の大幅減額を行った。なお、従業員は8名いたが、従業員の給与カットは行っておらず、そのため退職した人はいない。むしろ新社長が人望のある営業トップであったことで、社内の結束力も高まったようである。

（2）長期経営計画策定支援

リスケ中であり、長期収益改善計画作成アドバイスの依頼があった。新社長の意見を取り入れ、最終的には会社の責任でメインバンクに提出されている。

金融機関借入金の返済は5年計画のうちの最初の2年間は月20万円、後半3年間は月30万円とすることで5年目の終わりには1,440万円まで圧縮する。

収益改善計画　　　　　　　　　　　　　　　　　　　　　　　百万円

	見込	計画				
	33期	34期	35期	36期	35期	36期
売上高	110	115	120	125	130	135
売上総利益	30	32	34	35	36	38
営業利益	5	6	6	7	7	8
債務免除益	30					
当期純利益	33	3	3	4	4	5
純資産	△17	△14	△11	△7	△3	2
借入金返済	0	2	2	4	4	4
借入金残高	30	28	25	22	18	14

（3）月次訪問

経営全般の相談をする先がないということから、毎月訪問して、業績動向などに関して意見交換を実施した。月次試算表をベースにして損益状況の確認と、得意先別の売上実績及び今後の売上見通しについてチェックした。

訪問の都度、明るい材料が増え、新社長も自信を持って経営にあたる様子がみてとれたことから、アドバイス開始から1年ほどで支援終了している。

事例13　所有と経営の分離

1．相談の経緯

決算	百万円
売上高	1,500
当期純利益	50
総資産	1,500
借入金	500
純資産	500
資本金	50

役員と株主（相談開始時）

氏名	役員	関係	株式	その他
A	代表取締役社長	本人	40%	
B	取締役副社長	元の同僚		
C	取締役	長女	30%	
D		奥様	20%	
E		次女	10%	
F		長女の夫		後継者候補

　田中社長は75歳。そろそろ後継者に道を譲りたい。最初の相談時においては、まったくの白紙で、どういう選択肢があるのかを知りたいということであった。

　ご家族は奥様Dと、長女C、次女Eがいる。長女Cは取締役経理部長として管理全般を担当していた。持株は田中家で100%保有している。大分以前から、顧問税理士のアドバイスによって長女への贈与および譲渡を行ってきた。このため社長の株式承継に関する負担は比較的少ない。

　取締役は3名。社長と長女C、そして社長が前職の職場から連れてきたBさんである。長女の夫Fは40代半ばであり、承継含みで2年前に入社した。二女は専業主婦で経営にはタッチしていない。

2．経営状況

　業績は好調であるが課題がないわけではない。製品別には3つの部がある。甲部は部品の受注生産である。子会社で生産し大手会社に納入、需要も安定し当社の収益源である。乙部は他社製品の仕入れ販売で利益率は高くない。問題は丙部だ。社長としては、甲部の利益が出ているうちに次の柱を育てたいという意向から数年前に発足したが、開発費用がかかり、赤字で出口が見えない。

　従業員の内訳は甲部40％、乙部10％、丙部40％、それに管理部10％である。社長は丙部の設置当初、5年間で利益計上を目指し、できなければ撤退すると公言していたが、5年を経過後の今も黒字化する気配はない。撤退するとしても、その従業員をどのようにするのか、決まってはいない。

3．経営の承継
(1) 所有と経営の分離

社長は、事業承継を行うには自社株式の譲渡が必要と思い込んでいた。すでに株価が高くて、役員では購入できない。何度か話をし、所有と経営を分離して考えることを勧め、株式は今後も田中家で保有することが決まった。

将来の社長候補は長女の夫Fであるが、入社し日が浅いこともあり、次期社長とするのは時期尚早である。ショートリリーフとしてナンバー2であるB副社長に白羽の矢をたてることになった。B副社長は社長となると責任も重く、借入金の連帯保証も必要となるため、断りを表明してきた。

(2) 社長執行役員

調査の結果、上場会社にも取締役ではない社長もいることがわかった。その事例を参考に「社長執行役員」として業務執行する案を提示した。

結局、B副社長は連帯保証をしないという条件で社長執行役員を承諾した。すでに67歳であるので、3年間という期限付きで社長をお願いする。Aが代表取締役会長、Bが社長執行役員という体制である。

執行役員は会社法上の役員ではないので株主代表訴訟の対象にはならないし、登記も不要となる。執行役員のトップが社長であり、取締役ではない「社長執行役員」も可能だ。その場合には、社長執行役員は、取締役会ないし取締役の意思決定及び監督に服することになる。

ただし、社長という名称を付すと会社を代表する権限があるとみなされ、「表見代表取締役」にあたる可能性もあり、その場合には、善意（知らなかったので信じた）の第三者に対して会社は責任を負うことになる。

(3) 社長の役割

社長就任に際して、田中家としてBさんにお願いする事項を確認した。
① 重要な契約の締結は事前に会長に相談すること
② 重要な事項は必ず、取締役会に付議すること
③ 借入金等の資金調達には関与しないこと
④ 会社の登記印は取締役管理部長の長女Cが保管すること

⑤　従業員の新規採用と業績評価は任せること
⑥　赤字の丙部の状況をよく把握しておくこと
⑦　社長報酬は株主総会で決定するが、業績好調な場合には上乗せすること

(4) 後継者育成

　毎月部長会を開催し、各部の業績報告、事業計画等について意見交換を行っている。娘婿である後継者候補 F が社内を十分に把握できていないこともあり、企画部を新設し、企画部長として部長会に参画することを提案した。
　部長会のメンバーは会長 A と社長 B、取締役経理部長である長女 C、甲部長、乙部長、丙部長、企画部長 F の 7 名とした。また、企画部が部長会運営窓口となり、部長会資料は事前に F を経由するようにした。

(5) 内部管理体制の強化

　急速な発展を遂げ組織は拡大したものの、次のような状況を眺めるとリスクを垣間見ることができる。
　①　事務所スペースが不足し、オフィスが何カ所かに分散している。
　②　機密情報が多いが、社内では特許だけを秘密情報と定義している。
　③　途中入社が多く、従業員間の連帯感が乏しい。
　④　管理職の中にも外資系出身で自己主張の強い者、仲間を作りたがる者、決裁をとらずに後から費用を請求する者などがいる。

　創業者の目が届くうちは特に問題は起きない。引退したり病気に臥せたりして求心力が低下すると、内在するリスクが顕在化するものである。
　将来、後継者候補 F が承継することを考えると、今のうちに内部管理体制を強化する必要がある。カリスマ社長の後を継いだ後継者が円滑な運営を行うことができる仕組みを構築することも事業承継では大事だ。

(6) 顧問弁護士

問題が起きる前に対応するのがベストである。そのために、顧問弁護士を依頼することになった。

(7) 行動規範の制定

次に、行動規範を制定した。単なる標語と批判する者もいるが、競業忌避条項や情報漏洩に対する損害賠償規程などは、犯罪の事前防止に有効である。

このほか、部長会規程、決裁規程、経理規程等の見直しを行った。

当社は中小企業から中堅企業に脱皮した段階にある。多少の費用はかかるが、監査法人のショートレビューを受けることを検討するべある。

なお、数カ月後に訪問したところ、B新社長が精力的に行動し、懸念事項の多い丙部への関与も強め、透明性が増したようである。

行動規範

役職員は次に掲げる事項を誠実に遵守して行動しなければならない。

第●条 法令および規程の遵守
　役職員は、担当する職務を規制する法令、会社の規程を誠実に遵守して、その職務を遂行しなければならない。

第●条 不正な利益の禁止
　役職員は、職務上の権限や地位を利用して、個人的な利益を得てはならない。また、社会常識を超える接待を受け、あるいは金銭・物品を受け取ってはならない。

第●条 営業秘密の漏洩禁止
　役職員は、在職中はもとより退職後も、特許や職務上知りえた会社の営業上の秘密（取引先情報等を含む）を他に漏らしてはならない。

第●条 競業の禁止
　役職員は、在職中はもとより退職後2年間は、会社の許可を得ることなく、会社と競合する事業を自ら営み、または競合する事業を営む会社に雇われてはならない。

第●条 情報管理
　情報管理に留意して、情報漏洩に注意しなければならない。また、インターネット等を会社の業務と関係のない個人的な理由で使用してはならない。

事例14　持株会社による事業の多角化

1．経営状況

PL	百万円
売上高	500
売上原価	400
売上総利益	100
販売管理費	90
営業利益	10
経常利益	10
当期純利益	7

役員と株主（相談開始時）

氏名	役員	関係	株式
A	代取社長	本人	51%
B	専務	弟	20%
C	取締役部長		3%
D	取締役部長		3%
E	部長		3%
F		奥様	20%

BS（百万円）

資産	現金預金	160	負債	買掛金	30
	売掛金	60		借入金	20
	棚卸資産	5		リース負債	50
	リース資産	50		退職給付引当金	20
	有形固定資産	10		未払消費税	5
	敷金	20		その他負債	25
	保険積立金	25	純資産	資本金	10
	その他資産	20		剰余金	190
	合計	350		合計	350

　当社は特殊印刷および事務機器販売を展開する会社である。社長はまだ62歳と若い。弟が専務として支えてくれているが、55歳となることから弟に事業を譲って、別の事業を興したいということで来社された。

　売上高はここ10年ほど長期逓減傾向にある。印刷は構造不況業種といってもよく、近年は印刷需要が減少し印刷会社の廃業が増えている。旧来型のオフセット印刷で生き残ることは至難の業だ。当社は特殊印刷を行っているので、何とか繰り回しているが、決して楽な状況にはない。

　事務機器販売は単なる品物の販売だけでは限界がある。今後はクラウド会社と提携してサービスを提供するなど幅を拡げる必要があるとの認識だ。

　現状を打破すべく、昨年からは訪日客を目当てにした通訳の人材派遣事業にも進出を果たし多角化を図ってきている。

　財務諸表をみると、PL（損益計算書）とBS（貸借対照表）が同じ会社とは思えないほど違う。PL上は低収益に喘いでいる会社であるがBS上は優良会社である。時々、こういう類の会社にお目にかかる。かつては高収益を上げていたが、

ビジネスモデルの陳腐化で競争力が低下している会社だ。
　BSをじっくりと見ると様々な情報を入手できる。
　　　① 現金預金が多い。投資先がなく手元に滞留している資金でもある。
　　　② リース資産とリース負債が両建てだ。印刷関係の機械と推定できる。
　　　③ 敷金があるが、結構値段の高いオフィスに入っている可能性がある。
　　　④ 保険積立金が多い。経営者保険が多いが、従業員向けのものも入る。
　　　⑤ 借入金があるが、金融機関との付き合いで借入しているかもしれない。
　　　⑥ 退職給付引当金がこれほど多いのも珍しい。
　　　⑦ 自己資本比率は高い。剰余金が多く過去は業績が良かったはずだ。

2．株式の承継

　創業者は社長の叔父だ。途中で社長が創業家の株式のすべてを引きとった。その後に、社長の弟と役員に株式を少し持たせた。
　純資産が2億円ある。単純計算で社長の純資産持分は1億円である。類似業種比準価額を考慮し、相続税法上の社長持分は8,000万円程度と推定した。
　顧問税理士は暦年贈与で少しずつ、ご家族に移すことを提案しているようで、10年かけて、奥様と長男に承継したらどうかと言っている。たしかに毎年200万円として10年で2,000万円。奥様と長男の2人に行えば4,000万円は移すことができる。その後に、社長が仮に亡くなったとしても、配当財源（≒剰余金）が多いので、相続される株式を金庫株で処理することが可能となる。

3．経営の承継
(1) 社長の1人舞台

　オフィスは高台の見晴らしの良い場所にあり明るい。倉庫内も整理整頓されており、労働環境は抜群だ。業績は年度初めには従業員全員に開示し質問があればその場ですべて答える。報酬給与も社長と部長であまり差がない。
　社長は印刷需要の減少に危機感を募らせて経営多角化を進めてきた。従業員は今の待遇に満足しているのか活気がないと社長は不安に感じている。社長が部長クラスに尋ねても、社長の意見を否定する回答は出ない。
　社長1人が将来を悲観していると感じている。そこで、他の役員がどう思って

いるか面談して欲しいとの要望に接した。ついでに、将来の経営者としてふさわしいかどうかも観察して欲しいとのことであった。社長は常日頃から役員と話をしているものの、どうも一方的になるので、客観的に評価できる人の眼を通して意見を求めたいということである。

幹部4人に対して、事前に質問事項を渡し、会社の現状認識と将来の戦略、各部の課題および解決策について述べてもらった後に意見交換した。面談される側は緊張するらしい。

意見交換を行った結果、社長が言うほど危機感がないわけではなく、各部長とも真剣に悩んでいることが分かった。

内容をフィードバックし、会社の戦略について議論を深めた。社長の思いをまとめると次の3つとなる。

① 人材派遣事業は社内では賛同する者も少ない。自分としては別会社をつくってでも人材派遣事業を行いたい。
② 弟の専務が長年の間、右腕として支えてくれた。一度は社長にさせたい。ただし、特殊印刷しか担当していないので不安な面もある。
③ 社長の長男がシステム会社を経営しているが、今後はITの知識なしには円滑な運営ができないので、長男を後継者に迎えたい。

(2) 持株会社構想

社長は引退をほのめかしていたものの、本心は別の事業を行いたいということであった。その事業に関して社内では否定的な意見も多く突破できないでいる。

まず、部長から株式を金庫株として買い戻す。それによって、株主は社長、奥様、専務の3人にし、持株会社化する。

持株会社の下に、印刷会社、事務機器販売会社、人材派遣会社の3つの会社をぶら下げる。特殊印刷会社の社長は弟の専務を充てる。事務機器販売会社は長男を予定する。人材派遣会社は社長自身が行う。

社長の長男は32歳だ。有能で親の力を借りずに会社を興し20人ほどのIT企業を育てあげた。今回、そのIT企業をM&Aで外部に売却した。契約上2年間は当該会社の顧問として残るが、その後に当社に入社してもらう。事務機器販売では総合サービス力が必要であり、ITに強い長男に引き継がせる予定だ。

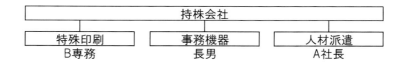

持株会社にすればすべての課題が解決されるわけではない。長所もあれば短所もある。本事案における最大のメリットは会社を分けてそれぞれに適切な社長を置くことができること。反対にデメリットは会社が4つに増えて、経理や総務の決算作業等が増えることである。

現在の事業会社を持株会社とする。総務と経理を行うが、それ以外は子会社が行う。経営は3人の社長に任せる。

4．留意事項
(1) 兼任禁止規定

持株会社の社長が子会社の社長を兼務することはできる。

子会社役員との兼務禁止規定があるのは、社外取締役、会計参与、監査役といった会社の業務執行を担当せずに、職務権限によって業務執行状況を監督する立場にある役員である。

なお、親が100％の株式を持つ完全親子会社間では実質的株主が同一なので、利益相反取引の規制は適用されないが、株主構成の異なるグループ間では、利益相反取引に十分留意する必要がある。

(2) 会社分割

経営構造、株主や債権者、さらには従業員の労働条件にも影響することから、会社法で分割手続きを定め、労働契約承継法により労働者保護が図られている。

労働契約承継法においては、分割によって承継される営業に従事する労働者に対して労働契約を承継する旨を契約に定めることを規定している。

事例15　ファミリーの持株会社

1．相談の経緯

決算（直近期）	百万円
売上高	5,000
経常利益	△ 300
当期純利益	△ 300
総資産	6,000
借入金	1,000
純資産	4,000
資本金	80

役員と株主（相談開始時）

氏名	役員	同族関係	株主	株主数
A	代表取締役	長男家	30%	1
B	専務取締役	次男家	20%	4
C	常務取締役	三男家	20%	4
D		長女	5%	1
持株会			10%	ＮＡ
知人等			5%	5
銀行			10%	2

　当社は従業員200名を抱える製造業である。中小企業基本法上の分類では中小企業ではあるが、相続税法上の自社株式評価においては大会社となる。当社は中堅優良企業で、事業承継でこじれると解決が大変だ。コンサルタントフィーは十分に払うことができるので大手コンサルタントが各種方法を提案している。そういう状況下、セカンドオピニオンを求めに来られた事案である。

2．経営状況

(1)　経営状況

　現在の社長は3代目である。長男が社長、次男が専務、三男は常務である。

　売上高は50億円に達して利益蓄積は十二分にある。しかしながら、Xプロジェクトが失敗して多額の損失が発生し、直近期は赤字に転落している。赤字原因は社長が積極的に進めた海外プロジェクトである。取締役会では財務担当の次男（専務）が慎重論を唱えたが、社長が押し切ったものである。

　上場を視野にいれ、取引銀行にも株式を持ってもらっているが、銀行の評価も以前よりは低くなってきた。今後を見据えて一族の結束を固めたい。

(2)　株主構成

　3代目となり、オーナー企業からファミリー企業となっている。このまま進むと株式はさらに分散する。歴史ある会社ではしばしば目にする光景だ。このように株主が分散する理由として様々なものが考えられる。

① 兄弟姉妹が多く3代目や4代目となるに伴って分散した。
② 役員に株式を持たせたが退職後も保有し一般承継で相続人が取得した。
③ 会社法となる前の発起設立では7人の株主が必要とされた。
④ 中心的な同族株主のうち議決権割合25％未満の役員が、その子供に議決権割合5％未満まで安い配当還元価額で異動させている。

３．同族会社における配当還元価額の採用

　同族会社の株式評価は多くの場合には、原則的評価方式を使用するが、取得後の持株比率が5％未満と小さく、中心的な同族株主がいる場合で、中心的な同族株主や役員でないときには、特例的評価方式として配当還元価額を利用することができる。

同族株主のいる会社における株主判定フロー

株主の態様による区分				評価方式
同族株主	取得後の議決権割合が5％以上の株主			原則的評価方式
	取得後の議決権割合が5％未満の株主	中心的な同族株主がいない場合		
		中心的な同族株主がいる場合	中心的な同族株主	
			役員	
			その他	特例的評価方式
同族株主以外の株主				

　「中心的な同族株主」とは同族会社の1人並びにその株主の配偶者、直系血族、兄弟姉妹が保有する議決権の合計が25％以上である場合おけるその株主である。
　このケースでは、Aのファミリー以外、B、C、Dは、それぞれが役員ではない自分の子供たちに子供1人5％未満までならば配当還元価額で移動できる。常務C（50歳）は、3人の子供（高校生と中学生）に4％ずつ移していた。
　なお、ルール上は可能であるが、税務調査時には、譲渡であればどうやって資金を工面したのか、贈与であれば名義株でないかと質問されるので、その疎明資料を揃えておくことが肝要となる。
・贈与時に贈与契約書を作成して、必要により贈与税の申告を行う。
・株主総会に参加することで、株主としての権利を行使する。
・受け取った配当は、受贈者が日常的に使用している口座に入金する。

4．株式の議決権集中

(1) 懸念

今までは社長の一強体制であり特段の問題はなかったようだ。ここ2～3年、社長の独断が目立ち始めたことで、長男と次男の関係がぎくしゃくしてきた。長男家は30％しか持っておらず、株主も分散しており心配の種は多い。

① 次男は三男と仲が良い。この2家族で40％を占める。
② 財務担当の次男（専務）は銀行からの評価が高く、社内の評判も良い。
③ 持株会は必ずしも社長を全面的に賛成するわけではない。
④ プロジェクトの赤字については、取引銀行も疑問を呈している。

(2) 自己株式の利用

自己株式は財源規制があるが、当社は配当財源が多く制約要因にはならない。

自社株式には議決権がないので、自己株式を増やせば間接的に社長の持株比率を上昇させることができる。

長女の夫が経営する会社が業績不振であり、長女は保有株式の一部を借入金の担保として差し出している。譲渡担保ではなく、質権であるので議決権は長女にあるが心配の種の1つだ。長女の株式を買い取るという選択肢もある。

(3) 相続人等に対する売渡請求制度

先代時代の友人や役員等5名で5％の株式が保有されている。相当な高齢となっており、このままであると一般承継で相続人に移転するリスクが高い。相続人に対する売渡請求制度を導入して、相続時に先代時代の株主から強制的に会社が買い取ることを考えたい。

(4) 議決権制限株式

既存株式を完全無議決権にできれば、一族の議決権割合を高めることが可能となる。既存の普通株式を配当優先議決権制限株式にするには、定款変更を行なった上で、一部株主が保有する普通株式を配当優先議決権制限株式に転換することについて全株主の同意を得る必要がある。株主が多く実現は難しそうだ。

5．持株会社の活用

　コンサルタント会社は不動産管理会社を持株会社にする提案を行っていた。本社を所有している不動産管理会社を持株会社とする案である。不動産管理会社の株式は社長が70％を持つので、そこを持株会社とすることができれば、社長が当社の経営権を支配できる。

　不動産管理会社は総資産に占める不動産の割合が高いので間違いなく土地保有特定会社であろう。持株会社化して当社の株式を持てば、「特定の評価会社」から「一般の評価会社」とすることができるはずだ。そうなれば相続税法上の株式評価額は大きく下がるはずで相続対策にもなる。

　個人の持株を不動産管理会社に移転させるには、譲渡または現物出資となるが、その場合には譲渡益課税が支障となる。
　持株会社を新たにつくる方法もある。株式交換、株式移転、会社分割で税制適格要件を満たせば株式移動時の譲渡益課税は繰り延べされる。しかしながら、株主の同意を得るのは至難の業だ。
　仮に持株会社と不動産管理会社を合併させる場合に、合併比率にもよるが社長が持株比率51％以上を維持することは難しそうだ。

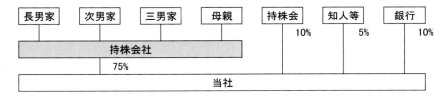

　ファミリーの持株会社を設置する例は、裕福な同族企業において、ときどき拝見する事例である。どのように実現させるか、見守りたい。

事例16　第二会社方式による事業承継

1．経営状況

既存会社　百万円

売上高	500
当期純利益	△60
総資産	600
借入金	500
純資産	△80
資本金	10

役員と株主

氏名	役員	同族関係	株式	その他
A	代表取締役社長	父親	70%	
B	専務取締役	母親	30%	
C		本人		

第二会社　百万円

売上高	250
当期純利益	5
総資産	250
借入金	200
純資産	10
資本金	10

役員と株主（相談開始時）

氏名	役員	同族関係	株式	その他
C	代表取締役社長	本人	100%	相談者
A	会長	父親		
B	専務取締役	母親		

　既存会社は精密部品製造の会社である。バブル時に銀行の紹介で工場団地内に本社工場を新設した。本社不動産投資は、土地3億円建物設備3億円という中小企業にとっては巨額なものであった。

　その後にリーマンショックに見舞われ売上の半分を占めていた取引先が倒産し6,000万円の不良債権を抱え業績が急激に悪化した。メインバンクは大手銀行であり系列のサービサー甲に債権を売却してしまった。このサービサーからの要請もあり、第二会社方式での再生を行うべく中小企業支援協議会に申し込んだ。

2．債権放棄

借入金内訳　　　　　　　　　　　　　　　　　　　　　　　　　　　　百万円

	始残高 a	保全 b	信用 c=a-b	放棄 d	放棄後 e=a-d	肩代 f	現残高 g=e+f
サービサー　甲	400	100	300	300	100	-100	0
信用金庫　乙	80	60	20	0	80	120	200
信用組合　丙	20	20	0	0	20	-20	0
合計	500	180	320	300	200	0	200

　サービサーは残高4億円のうち3億円の債権放棄を行ない、放棄後の借入金残高（e）はサービサー甲1億円、信用金庫乙8,000万円、信用組合丙2,000万円となる。残ったサービサーと信用組合の分は信用金庫乙が肩代わりした。

大手銀行はサービサーに安く売却しているはずである。仮に8,000万円でサービサーに売却していたのであれば、1億円を信用金庫から肩代わりを受けたことで2,000万円の利益が得られたと推察する。大手銀行は債権放棄できる体力もあり不良債権を減らしたい。

地元信用金庫は債権放棄すると他の取引先にも影響がでるので、債権放棄には応じられない。その代わりにサービサーの融資を肩代わりしたわけだ。

金融機関が貸付金を償却するには、国税庁の通達で定められた方式でしか対応できない。国税庁が無税償却を認めるには、法的整理として会社更生法、民事再生法等、私的整理では公的機関が関与するスキームが原則となる。単に債務超過ということで債権放棄しても無税償却できないことが殆どである。

中小企業再生支援協議会のスキームは第三者の関与する準則型の私的整理という位置づけで、法的整理ではないが客観性を備えた私的整理である。なお、特定調停での債権放棄も無税償却できるようになったので今後は活用できる。

本件適用時において、協議会スキームの数値基準は、次のようであった。
① 債務超過　　実質的な解消は5年以内
② 経常利益　　概ね3年以内に経常黒字
③ 債務償還　　有利子負債をキャッシュ・フローで割った倍率10倍以下

第二会社への営業譲渡後、既存の旧会社に関しては特別清算することで株主としての責任を果たした。社長Aは個人所有不動産を私財提供して経営責任を果たすとともに、会社以外への第三者保証債務もあったことから自己破産した。

3．第二会社への支援
(1)　工場内の様子

社長Aの長男が新会社の社長となった。既存会社社長Aは取締役にはなれないが、会長という名称を付して工場内で働いている。第二会社は借入金を半減したことで身軽になったものの、熟練工など数名が退職してしまった。そのことで、業績は今一歩という状況にある。

工場1階には工作機械が整然と並べられている。天井にはガントリークレーンがあり重たいものを易々と運ぶ。このガントリークレーンだけでも優に2,000万円はかかったはずだ。当社は5軸マシニングセンターを2台所有している。1台

6,000万円以上する。発注する側からみれば、その工場にどれだけの設備を揃えているかわかれば大体のレベルはわかる。いい機械を持たないと新規受注も苦労するので、経営者は新しく高価な機械が欲しくなる。

　すべてが新しい機械というわけではなく、中には減価償却を終えた古い機械もある。工作機械は20年程度使用することも多いが、それを過ぎると修繕するにも部品がなくなる。なお、2階は本社と検査工程、休憩室となっている。

(2)　熟練工の育成

　課題の1つ目は、熟練工の退職と従業員の定着の悪さだ。第二会社としてスタートしたものの、熟練工の退職が相次いでしまった。給与水準を多少下げたことの影響があるかもしれない。

　工作機械を2台操作できる多能工が必要であるが、自分の慣れた機械にしがみついて新規の新しい機械を操作する意欲のある人が少ないのも問題だ。

　5軸マシニングセンターについては、操作できる人員も少なく、どうしても若社長が自分で操作することになる。高価な機械を購入しており、そのメーカーの講習会も時々開催されるので、若手育成のためには会社の費用負担で参加させることが必要となる。

　人員不足に関しては、大企業OBを嘱託扱いで採用することを行ったほか、検査工程に従事する従業員は外国からの研修生を採用している。

　新社長には、従業員全員と、きちんと面談することを力説した。成果給を導入して、業績の良い社員には厚くもてなす必要がある。

(3)　得意先別の粗利把握

　課題の2つ目は得意先毎の粗利把握だ。取引先は20社程度あるが、現在はそのうちのX社とY社で受注の6割を占めている。したがって、この2社の損益を把握する必要がある。原価計算に関してはメインバンクとなった信用金庫からも強く要請されてはいたものの、原価計算制度の導入には至っていなかった。

　受注生産であり、見積書は作業時間あたり単価を数千円として計算し対応してきた。何となく儲かっているのか、損しているのか程度しかわからない。

　X社は高い材料を使用しているので、原価率が高い。そのため、当初の再建計

画作成で指導願った中小企業診断士は、X社の粗利は低いのでY社や新規開拓をすべきと提言していた。

ところが、売上高と粗利の関係を眺めるとX社への売上が増えた年には粗利率も上がっている。原価計算ができている中小企業は少ないが、採算を管理するには個別原価計算が重要だ。そのためには材料費、労務費、外注加工費、経費を個別に集計する必要がある。

製造指図書の枚数は1日10枚前後に過ぎない。材料費は一部の会社では支給されるが、X社やY社は材料購入だ。労務費は1日の作業量を把握しないといけない。製造部門の工員については作成されている。その集計をする手間がかかる。外注加工費は直課できる。経費は間接費の配賦が殆ど対応できる。そうすれば、計算はできるはずだ。

幸い、大手メーカーで定年退職されて嘱託であった方に、エクセルで入力表を作成してもらい、実際の入力は若社長の奥様にお願いした。

その結果、完璧ではないが、かなりの精度で会社毎の損益が把握できるようになった。予想通り、X社は材料比率こそ高いものの粗利率は良いことが分かった。その一方で、あまり儲かっていないと感じていたZ社は熟練工不足で不良品となる率が高く赤字幅が大きかった。

(4) 経営計画の作成

第二会社設立後3年目になる。概ね計画通りに推移した。新社長は前社長に依存している部分がある。新社長として経営管理をしっかりと行うために、経営3カ年計画を策定して、新たなメインバンクとなった乙信用金庫に提出するべきだ。

現在、その支援を行っている。

事例１７　会社分割と従業員への譲渡

１．経営状況

決算（直近期）	百万円
売上高	50
当期純利益	△ 8
総資産	20
借入金	70
純資産	△ 70
資本金	10

役員と株主（相談開始時）

氏名	役員	同族	株式	その他
A	取締役	父親		
B	取締役	母親		
C		本人	100%	相談者
D	部長			

当社は機械工具等の卸である。社長である父親Aが高齢かつ認知症のため老人保健施設に入所し、その後は実質的な経営は経理担当の母親Bが行っていた。1人娘のCさんは独身であるが、県外の会社で働いており、遠距離のため実家に戻る機会が少ない状況にあった。

その母親が急に病気で亡くなった。残されたCさんは、父親の会社に出向いてどうすべきか相談をした。

当時の役員は父親A（社長）と母親Bの2名であり、株主は既にCさん名義になっていた。大分前に名義変更されていたことが判明した。

ベテラン従業員で営業担当のD部長と話をして、CさんとD部長が取締役となり、日常業務はDさんに任せることとなった。相談を受けたのはこの直後である。

２．経営アドバイス

（1）初回

財務諸表の内容に関して質問しても回答が得られず、皆目見当がつかないので、以下のアドバイスを行った。

①　会社の実印はCさんが保管すること。
②　会社を継ぐのであれば、今の仕事を辞めて早急に会社に入ること。引き継ぐ意思がないのであれば、会社をどうするか考えること。
③　財務諸表をみると大幅な債務超過である。顧問税理士がいるはずだから、その先生に、まずは相談してみること。
④　資金繰りに窮し、会社を整理するのであれば、弁護士に相談すること

(2) 再面談

電話連絡するものの、連絡がとれない状況が続いていた。半年後にCさんから連絡が入り、会社を訪問し、D部長を交えて話をすることとした。連絡が途絶えていたのは、父親Aが他界し多忙であったことと分かった。

父親の相続税に関しては税理士にお願いして処理した。その税理士の対応に不満があったので、会社の処理については、別の税理士に相談したところ、会社は特別清算を検討したらどうかとのコメントが戻ってきたとのことであった。

(3) 本社不動産

本社は駅から徒歩1分の交通の便が良い場所にある。幹線道路に面しており、土地は50坪程度ある。築40年の古いビルであるので、そのままでは価値がないが、裏にある父親の自宅を合わせれば120坪となる。近隣商業地域であり8階建てのビルが建つ。そうすれば、オフィスビルあるいは賃貸マンションとして価値創造が可能である。

決算書上は、債務超過であるが、本社土地の含みを考慮すれば債務超過は解消されると思われる。特別清算は会社を清算する場合に負債超過の際に取られる手段なので、別の対応を考えた方がよい。

(4) 赤字の原因

毎月赤字である。資金が不足するという連絡があると、Cさんが預金の解約処理をして資金を捻出しているようであった。このまま赤字を垂れ流していると資金が枯渇する。そもそも赤字理由がわからない。

従業員は正社員4名とパート1名に過ぎない。本店に3名、静岡支店に2名がいる。店舗単位で資金収支をみたいので現金ベースで過去3カ月の収支を出してもらった。本店は収支トントン、支店が赤字であった。支店には60代の営業担当が2名いたが、営業活動らしい活動を行っておらず、人件費部分が赤字となっていたので、支店を閉鎖することを決めた。2名が自主的に退職された。

3．会社分割
(1) 分割型分割

D営業部長は52歳と若く、得意先もあるので、このまま会社を継続したいとの希望を持つ。話し合いの結果、会社を2つに分けて、機械工具卸はD営業部長が引き継ぐこと、現在の会社は不動産管理会社として残すこととなった。

D部長としては、独立するのではなく、今の会社のままで経営を引き継ぎたい意向である。取引先の中にも信用を重んじる大手会社があり、独立しても自分の名前だけでは事業継続できないというのが理由だ。

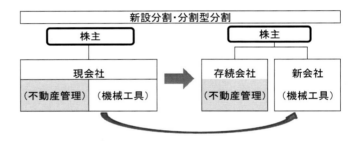

事業譲渡よりも会社分割が良さそうだ。D部長が受皿会社を設立するわけでもないので、吸収分割ではなく新設分割とする。株主であるCさんが会社を2つに分けて、不動産管理会社を残し、営業会社の株式をDさんに譲渡する。

会社分割で、優良な資産だけを新設会社に移すと、残った債権者に不利となり、濫用的会社分割として詐害行為と認定されるリスクがある。当社は資産価値のある不動産が残る計画であること、親族借入金は多いが金融機関借入金は少ないので問題ないはずだ。とはいえ実行する前に、金融機関には説明して了解を得ておく必要がある。

Dさんは顧問税理士から紹介されたコンサルタントにも相談していたが、見積

書を拝見するとコンサルタント料が結構高い。司法書士が手続きには詳しいので、利用したことのある司法書士事務所に相談すべきとアドバイスした。

(2) M&A費用

営業部分を分離した新設会社を設立した後に、D部長が新設会社の株式を買収することになる。営業に関する資産と負債を移せば、その差額が純資産に該当するので、それを基に価格を決めればよい。Cさんは安くてもいいと言っているので二人で決めたらどうか。

なお、M&Aでは買手が法務リスクや会計リスクについて買収審査を行うが、費用が発生するので審査するかどうかは買手が判断すればよい。

株式会社を設立するには、一定の費用がかかる。登録免許税や定款認証だ。仮に分割型分割でCさんが会社を設立するのであれば、その費用相当は買収価格に反映させればよい。

4．振り返って

本件については、僅か3回しか面談する機会がなく、入口部分および事後的なアドバイスしかできていない。

そもそも、父親Aが認知症で入院したのが5年前であった。自分の意思がはっきり示すことができないと会社運営に重大な影響がある。ずっと取締役であったが、もっと前に法定後見人や任意後見人等を利用するべきでなかったか。

借入金7,000万円の内訳は、父親5,000万円、母親1,000万円、銀行1,000万円だ。資金が不足する都度、父親や両親がつぎ込んで凌いでいたようだ。

父親の5,000万円は相続時には貸付金として課税財産となったはずだ。債務超過が多額であるので、事前に貸付金を放棄する方法もあった。

事例18　M&Aに関するセカンドオピニオン

1．相談の経緯

百万円

決算	31期	32期	33期
売上高	1,400	1,500	1,700
営業利益	65	70	80
当期純利益	40	40	50
現金預金	200	220	250
借入金	300	280	250
純資産	600	640	690
資本金	90	90	90

役員と株主（相談開始時）

氏名	役員	同族	株式
A	代表取締役	本人	90%
B	専務取締役	—	4%
C	取締役	—	2%
D	取締役	—	2%
E	取締役	—	2%

　当社は特殊部品を製造する会社である。取引先は安定しており、ここ数年は着実に業績を伸ばしている。社長Aは70歳。甥を承継者として社内で育成してきたが、従業員との間でトラブルが相次いだために退職してしまった。

　今後どうすべきか、ナンバー2で最も信頼しているB専務に承継してもらえるかニュアンスを探ってみた。B専務には持病があり来年には退職したい意向とのことであった。その後、他の役員や従業員にも意見を求めてみたが、社内には次期後継者となるべき人材がいないという結論にいたった。

　親族内か、せめて役職員への承継を考えていたが、これで振り出しに戻ってしまった。今後どのようにするか相談したいということで来所された。

2．経営アドバイス
(1)　仲介銀行の選定

　当社は優良企業で将来性も期待できる。M&A市場でも高く売却できるのではないか。まずは、取引金融機関に相談することを勧めた。場合によっては、民間の仲介会社を選定してもよいだろう。

　メインバンクは否定的であったが、サブメインの銀行が仲介に意欲を示した。2週間後には大企業を含む10社の買手候補リストの提示があった。

(2)　同行の株価簡易算定

　同行算定の株式価値は、純資産価額方式で800百万円、類似業種比準価額方式

で650百万円、DCF方式で1,000から1,800百万円となっていた。
　これについて推定部分が多くなるものの考え方を説明した。純資産価額は不動産の含みを反映したものだ。類似業種比準価額は類似する業種の株価をベースに比較したものだが、最近は業界の環境もよく上場会社の利益も増加基調なので、この価格となっている。
　DCF法では、最近の好調さから数年後のキャッシュ・フローを高く見ているためと推定する。キャッシュ・フローの割引率を6.0%として計算すると2,000百万円程度と予想する。未公開会社であり株式は市場では売却できない。そのためのリスクとしてスモールビジネス・リスクプレミアムや流動性リスクプレミアムがある。2,000百万円の7掛けとすれば1,400百万円になる。

(3) 規程類の整備と見える化
　外部から見て、当社の強みや特徴を「見える化」することが大切だ。まず、経営理念を明確にし、経営計画を策定することをお勧めする。
　「定款」、「権限規程」、「就業規則」などを見直しして、内部管理体制もしっかりしていることを示すことが重要だ。外部評価という点では数百万円かかるものの、監査法人によるショートレビューを依頼するのも一法だ。
　これから、秘密保持契約書の締結に入るはずだ。M&Aで最も大事なことは守秘義務を厳守することである。酒の席でうっかり漏れてご破算になることのないよいに、くれぐれも注意して欲しい。

(4) 価格の提案
　仲介銀行の助言では1,200百万円の提示をしたが、買収候補X社からは1,000百万円程度の意向が示されている。どう判断すべきかセカンドオピニオンが欲しいとのことであった。
　仲介銀行は早く契約を成立させたいようだが、仲介銀行や買手の意向に合わせるのではなく、納得いくまで説明を求めて交渉することを志向されたい。
　この1,000百万円の根拠は、年買法に基づく価格だ。時価純資産800百万円＋営業利益の3年分で計算する。中小企業のM&Aでは経営者に理解しやすいということで年買法が用いられることが殆どだ。

ただし、当社については次の点を主張してもよさそうだ。
① 過去3年の営業利益は増加基調にある。その上昇トレンドを考慮すれば利益の3年ではなく5年分も可能だ。
② 社長の報酬が高い上に生命保険を活用した節税対策を行っている。それを考慮すれば修正営業利益は100百万円に届く。
③ 一般的な指標として、EBITDA乗数法がある。これは償却前の営業利益の何倍とみるかという指標だ。当社では報酬と節税対策を行う前でみれば修正EBITDAは150百万円にのぼる。当社の将来性を考慮して乗数を8倍とみれば、1,200百万円になる。

基本合意書の締結を求めてきたようだ。そうなると相手に独占交渉権を与えることになる。当社は価値があるので、あせって合意する必要はない。仲介会社の銀行にその旨を伝えるべきだろう。

その後まもなく、某上場会社Y社からは1,200百万円での買収表明が出た。それ以降、X社の巻き返しが活発化してきた。同社から工場見学に来ないかという案内などもいただいている。

(5) 留意点

買手が上場会社の場合には基本合意書締結が開示対象となることがあるので、留意されたい。主要取引先への報告前に開示されると取引への悪影響も懸念される。上場会社では株主代表訴訟リスクもあり、買収監査が厳しいといわれるので、相手が上場会社であれば、事前に内容を確認して事前準備を怠らないようにすべきである。

結局、X社からも再度、意向表明書で1,200百万円のオファーとなった。先方の熱意を汲んで、これで合意することになった。

(6) 買収監査（デューデリジェンス）

仲介銀行からは、X社は非上場会社であり、それほど厳格なものとはならないといわれていたが、財務監査と法務監査は予想以上に詳細であった。若干の残業代支払漏れがあったが、大きな問題はなかった。

(7) 契約書のチェック

　最終契約書については、仲介銀行任せにするのはなく、売手側としての弁護士にチェックしてもらうことが肝要だ。

　表明保証に注意して欲しい。多くの表明保証が求められると想像するが、明示的なもの以外は表明保証しないという条項を入れるケースも多い。また、社長Aが買収された後に一定期間の関与を求められることもある。そのほかでは、競業避止義務や借入金の連帯保証をどうするかにも注意が必要だ。

3．買収後の訪問

(1) X社の方針

　親会社の社長が来られた。従業員を前に、将来の夢を語られた。当社に期待していることをひしひしと感じる。親会社は急成長であり、ここ2～3年で買収を積極的に行ってきているようだ。

(2) 相談者の感想

　社長Aは1年間ほど当社顧問として残ることとなった。買収側の専務が当社社長兼任なので、週に1日しか来ない。その代わりに、総務と経理に1名ずつ管理者が派遣されており、経営内容は随時、親会社に報告されている。

　金額的には満足しているが、従業員がやや委縮していることが気がかりだ。今までは自由闊達な風土であった。社長にもモノがいえる雰囲気であったと自負している。未公開といいながら大会社に買収されたことで、大企業のしきたりに染まりつつあるようだ。

　給与水準が親会社よりも高いとされ、来年から下がるとのことだ。当社は上場会社並みを維持しており、それが従業員の自慢であり励みにもなっていたので、従業員には申し訳なく思う。

　10年間の競業忌避契約があるので、同業には関与できない。できれば隠居ではなく新たな事業を興したい。第二創業だ。ゆっくりと温泉にでも入って構想を温める。具体化した際には支援を頼むかもしれない。

事例19　高齢者の信託利用

＜受益者連続型信託＞

1．同族の状況

決算（直近期）	百万円
売上高	500
当期純利益	5
総資産	400
借入金	250
純資産	15
資本金	20

役員と株主（相談開始時）

氏名	役員	関係	株主	その他
A	代表取締役	本人	70%	
B	専務取締役	長男		相談者
C	常務取締役	次男		
D	取締役	後妻		
		管理会社	30%	

　社長（84歳）の法定相続人は、社長の後妻（56歳）、社長の長男（58歳）、次男（50歳）である。実質的には既に長男が会社を経営しており、それを次男が支えることで経営が回っている。長男は学生時代の友人や知人数人を採用しており、従業員からの支持も厚い。

　それほど儲かっているわけではないが、従業員は40名を数え、上場会社と共同で取得した特許もあり、業界では一目置かれた存在だ。社長は高齢であるが、設計が好きで、毎日出社して仕事に精を出している。歯がないので、話し方に違和感がある。専務曰く、「初対面のお客様は、社長が認知症ではないかと疑っているのではないか」という状況にある。

2．社長の思い

　社長は会社を長男と次男に任せることに異論はないが、奥様Dの生活が心配である。そのため奥様を形式的に取締役に据えている。会社の実印は奥様が自宅で管理しており、必要な際は自宅に伺って押印願っている。

　社長は管理会社を保有しており、そこが当社本社工場敷地の50%、当社株式の30%を所有している。資産管理会社には借入金も相当にあるようだ。結局のところ、実質的に価値のある資産は社長の自宅と、そう高くはない自社株式程度とみられる。

　社長は奥様に自宅と資産管理会社を相続させたいようだ。社長は奥様が長男よりも若いということもあり将来の生活の糧をどのように確保するかを相続問題の最優先事項と考えている。

会社の株式を長男次男に渡すのを躊躇している理由は、渡した後に奥様を取締役から退任させるのではないかと懸念していることだ。そうなると取締役報酬もゼロとなり日々の生活資金が確保できなくなることを心配しているようだ。

　社長の自宅は会社借入金2億円の担保に入っている。社長が連帯保証しており、相続となれば社長の連帯保証2億円は法定相続分に按分されて相続人に引き継がれる。奥様1億円と長男次男が各5,000万円だ。自宅を奥様だけが相続するとなると、長男次男は損だ。
　税理士は早期に長男を新社長としたうえで、長男と奥様が会社借入金の連帯保証人となるべきと主張している。そのケースでは、長男と奥様が共に2億円を連帯して保証することになる。

　結局、4人で話し合って、長男と次男が、会社経営を行うことと、後妻の生活資金も面倒みることを表明する方向となった。後妻に配当優先無議決権先株式を付与する方法もあるが、利益水準が低く繰欠を抱えており、配当できる余力はない。今後とも一定の取締役報酬を支払うことで決着した。

3．信託の活用
　後妻は前夫との間に子供がいる。既に成人となり当社とは関係ない会社で働いている。後妻に株式が渡るのは避けるべきだ。
　長男には子供がいない。新社長を10年間勤め、その後は次男に譲る意向である。社長Aにとっては次男の子供（孫）は可愛い存在のようだ。孫に将来を託したいという思いが見えたので、受益者連続型信託を紹介した。これは、「後継ぎ遺贈型受益者連続信託」とも呼ばれるもので、次期社長は専務、その次は常務、さらにその次は孫に移すことが可能となる。信託契約から30年を経過した時点以降において、新たに受益者となった者が死亡するまで信託が継続する。

197

<認知症と代表取締役>
1. 任意後見制度

決算（直近期）	百万円
売上高	120
当期純利益	5
総資産	100
借入金	40
純資産	30
資本金	10

役員と株主（相談開始時）

氏名	役員	関係	株主	その他
A	代表取締役	本人	70%	
B	取締役	奥様	30%	相談者
C	取締役	長男		

　当社はクリーニングサービス業である。都内に数店舗を保有している。社長A(75歳)は判断能力が低下し、やっと自分の名前が書ける状況であることから、任意後見人制度を利用することを提案した。

　任意後見制度を利用するには、公正証書により任意後見契約を締結することが必要で、締結後に公証人による任意後見契約の登記嘱託が行われる。

　後日、奥様と長男が公証人役場に連れていったが、公証人の面前で、はっきりと自分の意思を示すことができなかった。その場では公証人から、任意後見人ではなく、法定後見人を選定したらどうかとのアドバイスを頂戴した。

判断能力	例	法定後見制度	任意後見制度
全くない	家族の名前や、自分の居場所が分からい	後見制度	
著しく劣る	不動産の賃貸など大きな契約はできない	保佐制度	
不十分	物忘れが目立つ	補助制度	即効型
今は問題ないが将来が不安			移行型 将来型

出所：山田猛司監修「親の財産を守る 最新成年後見・民事信託 利用のしかた」成美堂出版p12

2. 代表取締役の選任

　会社経営上は問題が大きいので、とりあえず代表取締役をもう1人選任することを提案し、結局、奥様が代表取締役となった。実印は奥様が管理することとし、社長の手許には置かないこととした。これで会社経営がストップするという最悪の事態は避けられる。

　社長はそのまま代表取締役として残った。本来は、株主総会を開いて取締役解任決議を行うべきかもしれない。しかしながら、当社の株式の70%は社長が保有

しているため、株主総会を開催して取締役解任をすることは、難しい。

3．法定後見

判断能力がかなり低下しているので法定後見の利用を検討すべきであろう。家庭裁判所に成年後見等（成年後見、保佐、補助開始）の審判を申し立てて選任する。被後見人、または被保佐人とされた場合には、取締役の欠格事由に該当することになるので、法律上当然に取締役になれなくなる。

4．後見制度支援信託の利用

一般の民事信託ではなく、後見制度支援信託が利用できる。これは、日常の支払いに必要な金銭は預貯金口座に残して後見人が管理し、それ以外の高額な金銭の管理は銀行に信託するという制度である。

ただし、対象は成年後見に限られ、保佐、補助、任意後見では利用できない。

信託契約に際し、信託財産や定期交付金額の設定等については、専門の後見人（弁護士等の後見監督人）が行う。この信託契約締結が完了すると、専門職後見人等の関与が不要となり辞任するので、以後は親族の「後見人」が信託の事務を引き継ぐことになる。

	民事信託	後見制度支援信託
行為・権限	財産信託、その管理運用	銀行信託（金銭管理のみ）
対象者	財産保有の本人	「後見」の本人
財産管理者	受託者（息子等）	後見人
財産の監督者	受託者（息子等）	家庭裁判所
投機的運用	受託者の自由	原則不可
信託金の利用	自由	裁判所の許可
信託期間	最長30年または指定の代まで	「後見」の本人が死亡するまで
相続対策	有効	該当せず
報酬	なし（受けることも可能）	監督人等あり

出所：山田猛司監修「親の財産を守る 最新成年後見・民事信託 利用のしかた」成美堂出版p200

事例２０　幾つかの廃業支援

<第二創業>
１．経営状況

決算（直近期）	百万円
売上高	35
営業利益	△5
当期純利益	△8
借入金	20
純資産	0
資本金	10

役員と株主（相談開始時）

氏名	役員	同族	株式
A	取締役社長	本人	
B		義母	20%
C		妻	70%
D		妻の妹	10%

　先代社長が創業した会社で、相談者である現社長は創業者長女の婿である。株主は義母（先代社長の妻）が20％、妻が70％、妻の妹が10％保有する。

　当社は金属加工の会社であるが、主要取引先が国内品から輸入品に代えたことで、受注が激減した。相談者は45歳と若く、将来性なしと判断して廃業を決めた。

　本社工場は東京23区内にある。土地は120坪、建物は1階が工場で2階の一角が本社事務所である。2階の空きスペースはかつての従業員宿舎だ。

　帳簿上は債務超過スレスレであるが土地に含みがある。当初は不動産賃貸業への業態変更を考えたが、不動産仲介業者の意見では駅から15分と遠く、賃借ニーズは高くないとのことであった。利便性はあるので不動産を売却して、その資金で第二創業することになった。

２．廃業相談

　弁護士を紹介した。主要取引先との間で交わした「継続取引契約書」には支障となる条項はなく契約に従って3カ月前までに契約終了通知を出せばよい。また、従業員には30日前までに解雇通知をすれば済むとの回答を得た。

　工場では化学薬品等は使用していないので問題はないはずとのことであったが、必要により土壌汚染の調査を依頼することは考えられる。

　義母には事前に廃業を相談していた。義父が無理して引き継がせたので、不動産売却代金は第二創業資金として使ってよいとなっていたが、廃業する段になり株主として残余財産が欲しいいうことで、持株割合を支払った。

事例20　幾つかの廃業支援

＜個人資産による損失補填＞
１．経営状況

決算（直近期）	百万円
売上高	20
営業利益	△5
当期純利益	△7
借入金	50
純資産	△30
資本金	10

役員と株主（相談開始時）

氏名	役員	同族	株式
A	取締役社長	本人	100%
B		長男	

当社は健康飲料の輸入販売と自社で企画した健康飲料の販売を行っていた。最盛期には売上高5億円、従業員も7名いた。海外委託先が製造したジュースに異物が混入していたことが発覚、製品をすべて回収したことで2億円もの損失が発生した。地元商工会議所から紹介された会社ではなく、安い価格を提示した業者に委託し、品質管理も現地任せになっていたことが敗因となった。

会社名を変え、製造委託先を国内工場に切り替えたものの、風評被害が大きく販売不振に陥っていた。その後、新製品を出したが、取引先からの信頼を回復するまでには至らず、最終的には廃業をアドバイスした。

２．損失補填

借入金があり会社の資金では返済できなかったので、社長が保有している不動産を売却して廃業することになった。リゾート地における不動産売買であり、買手の素性にも問題があった。地元のホテルロビーでのデリバリーとなっていた。それではダメだ。

地元銀行でデリバリーを行うこと、相手先の小切手ではなく日銀小切手の受取りか、地元銀行口座への入金確認をして権利証を渡すこと、複数（社長と息子）の立会を行うこと、できれば弁護士同伴で行くこと、予め現地を訪問し司法書士と事前打ち合わせを十分にとることを指示した。かなり心配したものの無事に2億円で売却できた。

社長は、裕福な家庭で育ったお嬢様で、交友関係は広いもののビジネスにおける詰めが甘い。手元に1億円が残ったことでご主人も安心したようだ。

＜自己破産を視野に入れた経営＞

1．経営状況

決算（直近期）	百万円
売上高	150
営業利益	5
当期純利益	0
借入金	120
純資産	△50
資本金	25

役員と株主（相談開始時）

氏名	役員	同族	株式
A	代表取締役社長	本人	100%
B	取締役		

　従業員8人の設計加工をする製造業である。長男が設計を行っており会社のコア技術を握っている。

　社長は、複数の取引先にM&Aを持ちかけていた。最初は株式譲渡で買収後も経営者として残ることを考えていたが、うまく進まないので買収後には社長だけが去り、他の従業員を引き継ぐという案を提示していた。

　そもそも収益力も低い。買収後に長男が辞めると、買収する価値のない会社となる。そのようなわけで取引先から断りの連絡があった。

　次の戦略は役員へのMBOだ。役員Bに独立を促して当社を買収させるか、役員Bの設立する会社に工場を賃貸するという案を示していた。

2．自己破産への道

　長らく業績が悪いと、社長も倒産した後のことを考える。よくあるのは、自宅を親族名義に移すケースである。倒産直前では詐害行為になるので、時間をかけて計画的に移す。当社も数年前に自宅を新築した際に建物を奥様と長男名義にしていた。土地は大分前に奥様名義に変えている。立派なご自宅であった。

　社長は借入金の連帯保証をしているが、今では目立った個人資産は残っていない。こうなると、怖いものなしとなってしまう。取引先の金融機関も先を見通してプロパー資金を減らしながら、保証協会保証の割合を高めている。

　将来、会社が倒産した場合、保証債務の多い社長は自己破産する。連帯保証については、奥様や長男が相続放棄で対処する模様だ。

事例20　幾つかの廃業支援

<破産処理>

１．経営状況

決算（直近期）	百万円
売上高	300
営業利益	△2
当期純利益	△8
借入金	100
純資産	△100
資本金	10

役員と株主（相談開始時）

氏名	役員	同族	株式
A	代表取締役社長	本人	70%
B	取締役		10%
C		妻	20%

　もともとは事業承継で来られた。父親は70歳、息子は35歳である。会社を磨き上げて息子に事業承継させたいということで支援を開始した。財務内容をみると、かなり厳しい。事業承継どころではない。あと3ヵ月で資金が枯渇する。

　金融機関の協力が見込めないのであれば法的整理となろう。金融機関と事前に合意できるのであれば、特定調停の利用も考えられる。

　参考までに、経営者保証ガイドラインの「保証債務の履行基準（残余資産の範囲）」として、99万円以下の現金、一定期間の生活費、華美でない自宅があること等を簡単に説明の上で、専門の弁護士を紹介した。

２．弁護士のアドバイス

　資金繰りは相当に危険である。一刻の猶予もできない。国税の滞納、社会保険料の延滞、従業員への賃金未払も多く、ここまで来ると挽回は難しい。

　親戚筋の同業者に事業譲渡できるのであれば、譲渡先に現従業員を可能な限り雇用してもらう。ついては当該同業者との交渉に同席したい。

　債権者平等の原則を尊重の上、従業員からの個人借入の一部を返済し、その後に破産申請して「未払賃金立替払制度」を利用する方法を検討する。この制度は会社が倒産したために、賃金が支払われないまま退職した労働者に対して、一定範囲について労働者健康福祉機構が事業主に代わって支払う制度だ。

　会社と社長の破産申立を行った以降は、借入金や税金・社会保険料未払いを整理していく。担保に入っている社長宅は差押えられる。

　最終的に残った債務はカットされる。社長の年金は保全されるので、社長は譲渡先の顧問に就任し、給与の一部で税金を返済することになる。

主要参考文献

＜中小企業庁関係＞
- 中小企業庁「中小企業白書」2017
- 中小企業庁「事業承継マニュアル」平成29年3月
- 中小企業庁「事業承継ガイドライン」平成28年12月
- 中小企業庁「事業引継ぎハンドブック」平成27年4月
- 中小企業庁「事業承継に関する現状と課題について」平成28年11月
- 中小企業庁「中小企業経営承継円滑化法申請マニュアル【相続税、贈与税の納税猶予制度】平成29年4月
- 中小企業庁「信託を活用した中小企業の事業承継の円滑化に向けて（中間整理）」平成20年9月
- 中小企業庁「非上場株式等評価ガイドライン」平成21年2月
- 中小企業基盤整備機構「中小企業経営者のための事業承継対策」（平成29年度版）
- 中小企業基盤整備機構「事業承継関連法の解説」2017年10月
- 事業承継協議会「事業承継関連会社法制等検討委員会中間報告」平成18年6月
- 金融庁「平成28事務年度　金融レポート」平成29年10月

＜各種団体関係＞
- 東京弁護士会親和全期会著「成功する事業承継のしくみと実務」自由国民社
- 日本公認会計士協会「事業承継支援マニュアル」
- 日本公認会計士協会東京会編「中小企業のための事業承継ハンドブック」清文社
- 中小企業診断士　事業承継研究会「事業承継支援ノート」
- 中小企業診断士　事業承継研究会「事業承継ケーススタディブック」
- 経営承継研究会著「ケーススタディ中小企業のための経営承継マニュアル」（税理2014年3月臨時増刊号）ぎょうせい

＜一般書籍＞
- 税理士法人プライスウォーターハウスクーパース編「完全ガイド 事業承継・相続対策の法律と税務」税務研究会出版局
- 税理士法人タクトコンサルティング編「事業承継実務全書」日本法令
- 木俣貴光編著、松島一秋監修「持株会社・グループ組織再編・M&Aを活用した事業承継スキーム」中央経済社
- 税理士法人おおたか「自社株承継の実務」税務経理協会
- あずさ監査法人著「種類株式ガイドブック 完全活用と会計・税務」清文社
- 三菱UFJリサーチ＆コンサルティング「よくわかる事業承継改訂版」
- 坪多晶子著「成功する事業承継Q&A150」清文社
- 中村廉平「中小企業の事業承継」有斐閣
- 佐伯草一編著「図解相続税法超入門 平成29年度改正」税務経理協会
- 平川忠雄編著「実務が分かる会社法Q&A」税務経理協会
- 近藤光男著「最新株式会社法（第8版）」中央経済社
- 島村謙、佐久間裕幸編著「中小企業経営に役立つ会社法の実務相談事例」ぎょうせい
- 高田正昭、鶴田泰三著「会社法と会計・税務の接点」税務研究会出版局
- 大西一毅著「会社法のツボとコツがゼッタイにわかる本」秀和システム
- 浜辺陽一郎著「執行役員制度（第五版）」東洋経済新報社
- 發知敏雄、箱田順哉、大谷隼人著「持株会社の実務 第6版」東洋経済新報社
- 藤原総一郎編「M&A活用と防衛戦略」東洋経済新報社
- 砂川伸幸、川北英隆、杉浦秀徳著「日本企業のコーポレートファイナンス」日本経済新聞出版社
- 原田正誉監修「成年後見制度の法律と手続き」三修社
- 山田猛司監修「親の財産を守る最新成年後見・民事信託利用のしかた」成美堂出版
- 岸田康雄編著「事業承継・相続における生命保険活用ガイド」清文社
- 武田哲男著「自分の会社を廃業する手続きのすべて」ぱる出版

著者略歴

近藤　登喜夫（こんどう　ときお）

　1952年生まれ。早稲田大学卒業後に生命保険会社入社。25年間融資に携わり、中小企業および大企業向けの融資、企業再建、債権回収、資産査定、財務審査、内部格付制度の構築等を行ったほか、一時期、格付機関に出向し格付調査役として格付を担当。その後10年間、有価証券のリスク管理、オペレーショナルリスク管理、保険引受リスクを含めた資産負債管理（ALM）に従事した。

　融資第二部長、企画部長、リスク統括事務局長、内部管理部門長（法務および財務リスク、コンプライアンス統括責任者）等の役職を経験。元理事。
定年後は、公的機関において、中小企業の事業再生および事業承継に関する支援を行っている。

　著書（単著）には、「格下げは事前に予測できる社債格付の基本」（税務経理協会）、「融資マンのための新企業分析に強くなる本」（金融ブックス）。
論文としては、「IIA国際基準と保険検査マニュアルの比較研究」（月刊監査研究2011年8月号）など。

　保有資格は、中小企業診断士、認定事業再生士（CTP）、証券アナリスト（CMA）、公認内部監査人（CIA）、金融内部監査人（CFSA）、簿記1級、販売士1級など。

事業承継支援に必要な基礎知識と支援事例20

2018年4月27日　　初版発行

著　者　　近藤　登喜夫

定価（本体価格2,000円+税）

発行所　　株式会社　三恵社
〒462-0056　愛知県名古屋市北区中丸町2-24-1
TEL 052（915）5211
FAX 052（915）5019
URL http://www.sankeisha.com

乱丁・落丁の場合はお取替えいたします。
ISBN978-4-86487-858-6 C2034 ¥2000E